KB070518

직접 만나지 않고 만나는

비대면 미술치료
Online Art Therapy

최호정 · 권현진 · 황현주 공저

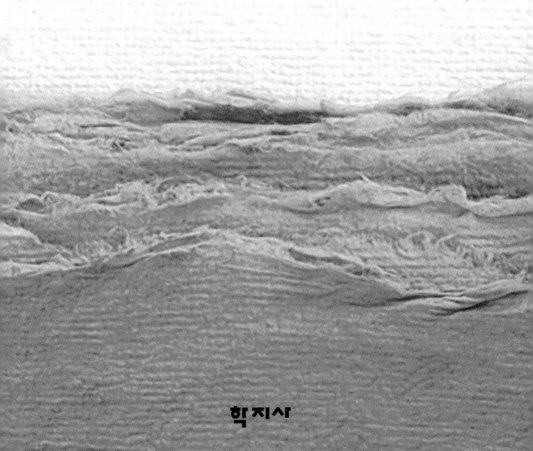

학지사

머리말

비대면 미술치료를 하면서 생긴 가장 큰 물음은 "사람이 서로 만나지 않고도 만나질 수 있는가?", "비대면으로 만나는 미술치료는 어떤 경험일까?"였다. '비대면 미술치료'는 그 물음에 대한 현장에서 일하는 미술치료사로서의 고민의 흔적이다.

우리 세 사람의 필진은 임상 현장에서 일하는 미술치료사로서 미술치료를 하면서 실제로 해결해야 할 문제들을 가지고 수퍼바이저와 수퍼바이지로 만나게 되었다. 코로나 팬데믹으로 인해 미술치료 케이스가 줄거나 갑작스러운 종결 또는 계속 이어 가기가 어려워지면서 수퍼비전을 하는 과정에서 도전을 받게 되었다. 이 상황에서 어떻게 미술치료를 해 나가야 할지 고민하게 되었고, 시대의 상황에 적응하기 위한 미술치료사로서 무엇을 해야 하는지 서로 의견을 나누면서 비대면 미술치료를 시도해 보기로 했다. 몇 개월 동안 못 만나다가 온라인 화상 플랫폼으로 수퍼비전을 하면서 미술치료 역시 온라인으로 시도하기로 마음을 모았고, 실제로 비대면 미술치료를 하면서 풀어 가야 할 돌발 상황과 문제들을 가지고 자연스럽게 피어비전으로 바뀌게 되었다. 비대면 미술치료 현장에서 풀어 가야 할 이슈들을 정리해서 온라인 카페에 질문거리들을 올려서 정리하고 관련 논문들을 검색하면서 온라인상에서 소통하였다. 이 책은 이렇게 시작되었으며, 부제는 '직접 만나지 않고 만나는 미술치료'로 정했다.

이 책을 쓰는 동안 수정을 거듭하면서 추가된 내용이 있다. 미국의 건강보험 정보 활용 및 책임에 관한 법(Health Insuarance Portabiity and Accountability Act: HIPAA)을 준수한 정신건강의학과 심리치료를 위한 온라인 플랫폼이 만들어져서 짧게 소개하였다.

현재는 메타버스가 폭발적이어서 '메타버스로도 미술치료가 어떻게 발전할 것인가?'에 대한 새로운 물음이 제기되고 있는 상태다. 이 부분은 물음표가 많아 넣지 않았으나 앞으로 어떻게 될 것인가에 대해서 기대가 크다. 기술이 빠르게 발전해서 미술치료의 형태도 어떻게 변화될지 모르겠다.

이 책의 대상 독자는 미술치료사, 비대면 심리치료에 관심이 있는 전문가 그리고 미술치료가 어떻게 이루어지는지 궁금한 일반인이다.

이 책은 크게 두 부분으로 나뉜다.

1부는 비대면 미술치료가 대면 미술치료와 비교하여 달라진 점들을 중심으로 살펴보았으며, 2부는 비대면 미술치료의 아동과 성인 대상의 개인과 집단 사례이다. 그리고 이 책에서는 미술치료사로서 고민해야 할 부분들을 각 장마다 '생각거리'로 남겨 두었다.

각 장의 요약은 다음과 같다.

1장에서는 비대면 미술치료란 용어에 대해서 정리해 보았다. 국내에 발표된 논문을 검색해 보면 온라인 미술치료, 영상 미술치료, 디지털 미술치료, 원격 미술치료 등으로 쓰이고 있으며 해외에서는 온라인 미술치료 (Online Art Therapy), 원격 미술치료 (Telehealth Art Therapy) 용어로 가장 많이 이름 붙여졌으나, 이 책에서는 '비대면 미술치료'로 부르기로 했다. 미술치료 분야에서 비대면 미술치료 용어의 정의가 내려지지 않은 이유도 있지만, 우리나라에서는 '비대면'이라는 용어가 미술치료뿐만 아니라 다방면으로 가장 널리 쓰이고 있기 때문이기도 하다. 비대면 방식으로 이루어지는 미술치료, 정신건강, 상담, 심리치료 등에서 사용되는 용어들도 같이 정리하면서 '비대면 미술치료'의 정의를 다져 보고자 하였다.

2장에서는 미술치료사와 내담자가 서로 실시간으로 보면서 할 수 있는 비대면 미술치료가 가능해지기까지의 과정을 정리해 보았다. 화상 플랫폼 기술이 나오기 이전과 이후로 기준을 삼았는데, 미술치료는 미술 작업이라는 특수한 치료 과정이 있기 때문에 실시간으로 서로를 볼 수 있어야 가능하기 때문이다.

3장에서는 기존의 미술치료와 달리 비대면 방식이기 때문에 가장 문제가 되는 이슈가 무엇인지 정리하면서 고민을 많이 하였다. 고민이라는 단어를 쓴 이유는 우리 필진이 실제로 비대면 미술치료를 하면서 부딪혔던 문제들이었기 때문이다. 가장 변화된 것은 '공간'이었다. 그리고 '미술 작업'이라는 치료 과정으로 인해 생기는 미술 재료, 미술 작품, 전시에 대한 이슈였다. 아마도 기술이 발전하면서 비대면 미술치료의 형태도 변화가 생길 터인데, 그렇더라도 주된 변화인 공간, 미술 작업 형태, 미술 재료는 늘 핵심적 문제가 될 것이다.

4장에서는 비대면 미술치료에서의 매체에 대해서 정리하였다. 미술치료에서 사용되었던 전통적 미술 매체와 디지털 미술 매체를 소개하고, 온라인으로 진행되는 비대면 미술치료에서 촉감 재료가 갖는 의미에 대해 생각해 보았다.

5장에서는 비대면 미술치료가 단순히 직접 만나지 못해서 만나기 위한 대안에 그치는 것이 아니라 더 나아가 비대면 미술치료의 이점이 무엇인지 정리하였으며, '앞으로의 미술치료 서비스가 어떻게 확대되어 가야 할까?'에 대한 제안이 되기를 희망하는 마음으로 내용을 마련하였다.

6장에서는 비대면 미술치료를 하면서 실제로 풀어야 할 숙제들인 미술치료 공간 마련, 미술 재료 준비, 미술치료 비용으로 나누어서 정리하였다. 미술치료사들이 비대면 미술치료이기 때문에 새롭게 마주하게 될 내용들을 다룸으로써 비대면 미술치료에 대한 이해와 다양한 고려 사항들을 살펴볼 수 있도록 안내하였다.

7장에서는 비대면 미술치료에서의 윤리에 관한 내용을 다루었다. 미술치료사가 비대면 미술치료를 시작하기에 앞서 준비해야 하는 것들과 비대면 미술치료에서 미술치료사의 역할이 무엇인지 살펴보고, 분리된 각자의 공간에서 미술치료가 이루어지는 특성에 따라 내담자의 미술 작품은 어떻게 보관할 것인가에 대한 내용을 정리하였다. 그리고 온라인 화상 플랫폼에서 이루어지는 비대면 미술치료의 특성으로 인하여 강조되고 더 많은 논의가 되어야 하는 디지털 기록 관리와 내담자 보호를 위한 노력에 관하여 설명하였다.

2부에서는 초등학생, 성인 비대면 개인 미술치료와 비대면 집단 미술치료 사례를 제시하였다.

〈초등학생 하늘이〉와 〈30대 직장인 바다〉의 사례는 각각 섭식 장애와 우울증으로 정신건강의학과 입원 및 외래치료 중 미술치료가 의뢰된 내담자들이었다. 코로나 발발 이전이던 미술치료 초기에는 대면 미술치료로 진행되었으나, 코로나 바이러스가 팬데믹으로 확산되는 상황에서 감염 위험을 낮추고, 장거리로 인한 낮은 치료 접근성을 보완하기 위해 비대면으로 전환하였다. 내담자와 치료사가 만나는 방식이 대면에서 비대면으로 달라지는 것과 관련하여, 내담자에게 유의미한 변화나 새롭게 관찰되는 부분이 있는지, 그리고 비대면 회기를 진행하는 데 있어 치료사로서 유의할 부분은 무엇인지 등에 대해 정리하였다.

〈대인 관계에 어려움이 있는 가을〉의 사례에는 비대면 미술치료를 경험하는 과정에서 미술치료사의 고민과 내담자와의 상호작용 방식, 그리고 내담자의 매 회기 경험 후 인터뷰 내용이 자세히 담겨 있다. 사례 속 내담자는 치료 과정에서 스스로 통찰을 얻고 그 깨달음이 실제 자기 삶의 변화로도 연결됨을 드러내 보이고 있다. 미술치료사와 함께한 비대면 미술치료가 대면 미술치료 못지않게 이미지 작업 과정 및 이미지와의 대화를 충분히 경험할 수 있었음을 보여 주고 있다.

〈"나다움"을 찾고 싶은 수미〉와 〈"나의 감정이 무엇인지" 알고 싶은 조이〉 사례는 미술치료 사례를 단순히 기록했다기보다 미술치료사의 개인 노트의 성격이 짙다.

끝으로, 〈스트레스 완화를 위한 비대면 집단 미술치료〉 사례를 실었다. 다섯 명의 직장인들이 전통적 매체와 디지털 매체를 활용하여 미술 작업을 하고, 온라인상에서 작업물을 공유하며 서로 마음을 나누는 과정을 담았으며, 회기 종결 후에는 투사적 그림 검사를 통하여 집단원들의 심리적 변화와 성장에 대해 정리하였다. 이 사례에서는 세 명의 필진이 치료사와 관찰자 그리고 집단원으로 참여하여 각자의 입장에서 경험되어지는 부분을 기술하는 방식으로 내용을 작성하였다.

〈부록〉에는 성인용, 아동 · 청소년용 비대면 미술치료 동의서와 미술 재료 체크리스트, 비대면 미술치료 회기 전 점검 사항, 비대면 미술치료 회기 후 인터뷰 질문이 실려 있다.

비대면 미술치료가 필요에 의해 한시적으로 시작되었으나 앞으로 기술의 발전과 사람들의 생각과 문화의 변화에 따라 새로운 미술치료 방식으로 정착해 갈 것으로 기대한다.

마지막으로, 자신의 삶을 보여 주고 사례 출판을 허락해 준 내담자들에게 진심으로 감사의 마음과 응원을 전하고 싶다. 또한 코로나 팬데믹이 시작되면서 고립감과 단절감이 가장 극심할 때 비대면 미술치료에 관심을 가지고 이 책을 출판할 수 있도록 성원해 주신 학지사의 김진환 대표님, 여러 차례 수정을 도와 편집을 맡아 주신 김준범 부장님께 감사드린다.

저자 일동

2부　비대면 미술치료의 실제: 개인과 집단 사례

✎ 섭식장애가 있는 초등학생 하늘이 / 85

✎ 우울증이 있는 30대 직장인 바다 / 98

1^부

비대면 미술치료의 이해

●●●

1부에는 비대면 미술치료의 전반적인 이해를 위한 내용이 정리되어 있다. 1부의 시작으로 비대면 미술치료에 대한 이 책에서의 정의와 그동안 비대면 미술치료와 유사하게 사용된 용어들을 정리하여 비대면 미술치료에 대해 알아보고자 하였다. 그다음으로는 화상 플랫폼 기술이 나오기 이전과 이후를 구분하여 비대면 미술치료가 어떻게 진화되어 왔는지를 다루어 보았다. 비대면 미술치료가 갑자기 생겨난 미술치료의 새로운 방식이 아니라, 이전부터 다른 방식과 명칭으로 불려 오며 진화의 연속선상에 있음을 알 수 있다. 이어서 비대면 미술치료가 대면으로 이루어지는 미술치료와 달리 어떤 부분에서 변화가 생겨났는지, 그리고 그에 따라 미술치료사에게 제시되는 새로운 이슈들을 살펴보았다. 그다음 장에서는 비대면 미술치료에서 활용하는 매체를 전통적 미술 매체와 디지털 미술 매체로 나누고, 비대면에서 사용에 제한의 여지가 있는 촉감 매체에 대해 따로 살펴보았다. 마지막으로, 비대면 미술치료가 가지는 이점, 비대면 미술치료이기 때문에 미술치료사가 새롭게 고려해야 하는 사항들과 윤리에 관한 내용이 차례로 수록되어 있다.

1. 비대면 미술치료란?

1) 직접 만나지 않고 만나는 미술치료, 비대면 미술치료의 정의

통신과 디지털 기기 및 기술이 발전하면서 심리치료, 정신의학, 상담 분야에서는 '비대면' 방식을 활용한 지 오래되었고, COVID-19 팬데믹으로 인해 더 활발하게 적용되고 있다. 컴퓨터 중재 심리치료, 사이버 치료, 웹 상담, 원격치료, 원격의료, E-치료, 사이버 상담, 온라인 심리치료 등 다양한 이름으로 불리며 (Malchiodi, 2000), 디지털 기술과 심리치료, 상담 분야와 접목한 새로운 용어들도 등장했다.

반면, 미술치료는 미술 작업이라는 특별한 치료 과정이 포함되어 있어서 기존의 전화, 이메일, 채팅의 방식으로는 서로를 '볼 수 없는' 한계 때문에 비대면 방식에 제한이 있었다. 뒤에서 이야기되겠지만, 2002년에 해외 거주 수퍼바이저에게 국제 전화를 통해서 수퍼비전을 받은 적이 있었으나 당시에는 미술 작업을 공유할 수 있는 기술이 없었다. 그 후, 2003년 국내 대학원 박사 과정의 수퍼비전 시간에 미국에 사는 수퍼바이저와 한국에 있는 학생들(수퍼바이지들) 간 실시간 채팅이 웹상에서 가능해졌으며, 인터넷 카페에 각자의 미술 작업을 업로드하여 볼 수 있었다. 벌써 20여 년 전에 비대면 미술치료 수퍼비전이 시도되었던 셈으로, 이제는 각자의 공간에서 미술 작업 과정까지도 실시간으로 화상 소프트웨어를 통해서 볼 수 있게 되어서 얼마든지 비대면 방식으로도 미술치료를 할 수 있는 환경이 되었다.

이 책을 쓰고 있는 동안에도 메타버스(Metaverse) 개념이 등장하여 가상공간이 우리에게 훌쩍 들어와 버렸다. 앞으로 디지털 공간에서 비대면 미술치료는 어떻게 발전할지 기대가 된다.

비대면 방식의 미술치료는 미술치료학계에서 아직 합의된 용어가 없으나 국내에서는 '비대면'이라는 용어가 대중적으로 상용되고 있어서 이 책에서는 비대면 미술치료라는 용어를 쓰고자 한다.

'비대면 미술치료'의 정의를 내리면 다음과 같다.

미술치료사와 내담자가 같은 물리적 공간에서 직접 만나지 않고
화상 플랫폼 또는 원격치료를 위한 플랫폼을 통하여
온라인 공간에서 만나는 미술치료

2) 비대면 미술치료와 유사한 용어들

'비대면 미술치료'를 이해하기 위해 디지털 기술을 사용한 의료, 보건, 심리치료, 상담 등 인접 분야와 미술치료에서 사용하는 다른 용어들을 논문 검색 사이트인 www.riss4u.net에 발표된 국내외 연구물을 중심으로 알아보겠다.

(1) 원격의료(Telemedicine)

세계보건기구(World Health Organization: WHO)는 원격의료에 대해서 "원거리를 주된 요소로 정보 및 통신 기술을 사용하여 모든 보건 의료 종사자가 환자에 대한 질병 및 부상의 진단 치료 및 예방, 연구 및 평가, 지속적인 정보 교환을 하고 모든 보건의료 종사자에 대한 지속적인 교육을 하는 것 그리고 개인과 지역 사회의 건강을 증진시키는 건강관리 서비스"라고 정의 내리고 있다.

미국은 원격의료의 개념을 처음으로 고안하고 도입하여 법제화 작업을 마련하면서 원격의료가 실행이 되었고, 심리치료에까지 적용되고 있으며, 보험이나 윤리 문제도 촘촘하게 보완되고 있다.

국토가 넓은 미국은 지리적으로 도시와 떨어진 곳에 살고 있는 환자, 군인, 교도소 수감자 등과 같이 의료 환경이 열악한 곳에 있는 국민의 건강을 보호하기 위해 상호작용하는 음성, 화상 등 각종 정보통신 기술을 이용하여 원거리 간 의료 정보 및 의료 서비스를 전달하는 것에서 출발하였고, 초고속 통신망이 확산되면서 원격의료 서비스도 성장하기 시작하였다(백경희, 2020).

원격의료의 필요성과 기술이 만나 발달하면서 1996년 건강보험 정보 활용 및 책임에 관한 법(Health Insurance Portability and Accountability Act: HIPAA), 1996년과 1997년 의회에서 논의된 원격진료에 대한 통합 법안(Comprehensive Telehealth Act of 1997), 2004년 의회에서 논의된 원격의료 향상 법안(Telehealth Act of 2004) 등 미국의 연방 차원에서의 법제를 통해 활성화되면서 취약 계층 대상으로 시도되었다. 2000년에는 사회보장법 개정을 통해

원격의료를 통한 개인 심리치료 등도 보험급여에 포함시키게 되었
다(안무업, 2005).

우리나라에서는 COVID-19 기간 동안 전화진료가 허용되었으
나, 지속 여부는 근거법 마련이 관건이다. 반면, 비대면 진료를 경
험한 사람들의 긍정적인 인식 변화는 주목할 만하다.

(2) 원격보건(Telehealth)

원격의료, 원격진료라고도 부르며, 환자를 위한 의료 및 건강 관
련 서비스나 정보를 인터넷을 통해 전달하는 것이다. 대표적으로
행해지는 활동은 원격진료와 건강 모니터링 서비스다. 휴대형 측
정기와 PC로 측정한 생체 정보를 전송하면 결과와 처방을 휴대폰
이나 이메일로 알려 준다. 원격으로 전달되는 서비스에는 의학 영
상 혹은 소리, 동영상, 환자 기록 등의 전자화된 의료 데이터 등이
있다. 데이터 전송은 전화선, 인터넷, 인공위성 등으로 이루어진
다. 원격보건은 농어촌이나 도서벽지에 거주하는 이유 등으로 전
문적인 진료 서비스를 받기 어려운 환자들에게 좋은 대안이 될 수
있다(김춘경 외, 2016).

(3) 사이버 상담

국내에서는 1999년도에 청소년을 대상으로 서신을 통해 질문과
상담자의 답변 형식으로 진행되는 E-메일 상담, 채팅 상담, 온라
인 심리검사를 시도하면서 사이버 상담으로의 모색의 문이 열렸으
며(임은미, 김지은, 1999), 컴퓨터를 통해서 행해지는 상담을 사이버

상담이라고 지칭하였다. 그 후 컴퓨터와 사이버 공간에 익숙한 세대들에게는 사이버 상담도 효과적일 수 있다는 가능성(이재영, 장영윤, 2001)이 제기되어 청소년들에게 사이버 상담의 이름으로 일찌감치 시도된 것이다.

국외에서는 밀레니엄 세대를 위해서 상담과 사이버 상담의 전략을 다루면서, 사이버 상담을 상담자와 내담자가 따로 떨어진 혹은 먼 장소에서 인터넷을 통해 의사소통을 할 수 있는 전자적인 도구들을 사용하는 전문적인 카운셀링과 정보 전달의 업무(Bloom & Walz, 2000)로 지칭하였다.

(4) 온라인 미술치료(Online Art Therapy)

이 책에서 사용하는 비대면 미술치료와 같은 의미를 가진 용어로 해외에서는 온라인 미술치료(Online Art Therapy)라는 용어를 가장 많이 사용하고 있다(Collie, Hankinson, Norton, Dunlop, Mooney, & Miller, 2017).

영국의 미술치료사 루시 쇼(Shaw, 2000)는 자신의 논문에서 온라인으로 비디오 링크를 통하여 제공되는 미술치료라고 서술하였다.

(5) 화상(畫像) 미술치료

COVID-19 발생 초기에 해외에서 국내에 입국하여 자가격리 중인 청소년을 대상으로 줌(Zoom)으로 미술치료를 시행한 연구에서는 '화상미술치료'라고 불렀으며, 이후 원격 디지털 미술치료(Telehealth Digital Art Therapy)라는 용어를 사용하기도 하였다(손창

배, 이지현, 2020). 디지털 매체로만 미술치료를 한 것이 특징적이다.

(6) 원격보건 기반의 창의적 예술치료
(Telehealth-based Creative Arts Therapy)

의료 서비스, 정신 건강 및 재활 분야에서 원격의료가 많이 시도되고 있지만, 콜리와 쿠브라닉(Collie & Cubranic)은 이미 1999년에 원격의료를 기반하여 예술을 통합한 원격 그룹 치료를 제공하는 프로젝트를 언급한 바 있다(Collie & Cubranic, 2002; Collie, Bottorff, Long, & Conati, 2006).

또한 말키오디(Malchiodi, 2000)는 원격의료의 도입을 보면서 미술치료 프로그램의 추이를 예측하고 비디오 기술을 사용하여 수퍼비전이 용이하다고 하였다(Brandoff & Lombardi, 2012; Orr, 2010).

미국에서는 먼 지역에 살고 있는 퇴역 군인의 정신 건강과 재활 치료를 돕기 위하여 미술과 무용을 결합한 예술치료가 시스코 재버(Cisco Jabber) 소프트웨어를 활용하여 시행되었으며, 원격치료 기반의 창의적 예술치료(Levy, Spooner, Lee, Sonke, Myers, & Snow, 2018)라고 명명하였다.

2. 비대면 미술치료의 진화 과정

기술의 발전과 함께 상담, 심리치료 분야를 포함하여 비대면 미술치료가 어떻게 진화되었는지 정리해 보려고 한다. 사실상 미술

치료는 서로의 모습을 실시간으로 보면서 만날 수 있는 영상 기술
에 힘입어 비대면 미술치료가 촉진되어졌다고 볼 수 있기 때문에
화상 플랫폼 기술이 나오기 이전과 이후로 구분하였다.

1) 화상 플랫폼 기술이 나오기 이전

(1) 전화

전화상담은 전화를 통하여 내담자의 심리적 · 정서적 문제를 해
결하는 방법으로, 일종의 비대면 상담의 최초 모델이라고 볼 수 있
다. 특히 전화 상담은 자살 위기에 있는 사람들을 위해서 24시간
운영되는 형태가 대부분이어서 내담자의 결정에 따라 이루어지게
되고, 내담자가 기관이나 상담자를 직접 방문하지 않고 자신이 원
하는 시간과 공간에서 상담을 하기 때문에 내담자의 통제력이 크
게 작용하게 된다. 비대면으로 이루어지지만(현재의 online의 개념
과는 다르다) 지역적 · 개인적 장벽을 해소하고 자신에게 익숙하고
편안한 장소에서 상담을 받을 수 있다는 점과, 기동성이 없는 내담
자에게는 공간 이동에 자유를 주었다는 장점이 있다.

(2) 이메일

내담자가 갈등하거나 고민하는 내용을 이메일로 보내고 치료사
가 답 메일을 하는 형식이다. 치료사가 내담자의 메일 내용을 확인
하고 답을 할 때까지 내담자 입장에서는 기다려야 하는 점이 불편
할 수 있다.

(3) 실시간 채팅

이메일은 실시간으로 서로 상호 교류를 할 수 없는 것에 반해서 채팅은 실시간 문자로 대화가 가능한 방식이다.

앞서 언급했듯이, 2003년 대학원 박사 과정 수업을 개설하는 과정에서 미국에 거주하는 교수와 물리적 거리라는 장애물을 넘을 수 있는 방법을 모색하다가 미술치료 수퍼비전 수업을 웹사이트 중 하나인 다음(Daum)에서 제공하는 카페를 이용하여 진행하는 시도가 있었다. 카페에 박사과정생들이 질문이나 과제로 내준 미술 작업 사진을 업로드시켜 놓으면 수퍼바이저가 댓글을 달았다. 시간차를 맞추어 날짜를 조정한 날에는 수퍼바이저와 박사과정생이 정해 놓은 시간에 접속하여 실시간 채팅을 하면서 소통하였다. 그러고 보니 비대면 방식의 미술치료 수업이 이미 시작되었던 것이다. 그 당시에는 비대면이라는 용어도 없었지만 새로운 시도로서 신선했으며, 서로 간 공간의 제약을 넘어서서 물리적인 시간을 절약할 수 있어서 좋았다.

놀라운 점은 그 당시 우리가 나누었던 채팅방이 다음카페에 저장되어 있어서 19여 년이 지난 지금도 그 카페로 들어가서 열어 볼 수 있고 미술 작업과 소통했던 내용이 남아 있다는 것이다. 종강 후 카페 폐쇄 여부에 대해서 논의가 되지 않아서 카페를 폐쇄하지 않았기 때문이다. 그 당시 대화 내용이나 작품을 오랜 시간이 지난 후에 다시 볼 수 있어서 나의 성장 과정을 보며 감회가 새롭기도 했으나, 나의 작업뿐만 아니라 다른 사람의 작품, 대화 내용까지 보는 경험은 박제품을 보는 기분이 들기도 했다. 이 부분은 오늘날 기록과 자료 보관에 관하여 윤리적으로 고려해야 할 문제로서 질문들을 던져 준다.

2) 화상 플랫폼 기술이 나온 이후

(1) 화상 플랫폼

비대면 만남을 위한 화상 플랫폼은 줌(Zoom), 스카이프(Skype), 웹엑스(Webex), 마이크로소프트 팀즈(Microsoft teams) 등이 있다. 미술치료사가 플랫폼에 계정을 만들어서 초대 링크를 메일, 문자, SNS 등을 통해 전달하고 내담자가 접속하여 만난다. 더군다나 여러 사람이 동시에 접속할 수 있어서 집단 미술치료도 가능하게 되었다.

(2) 비대면 미술치료에서 유용한 화상 플랫폼 기능

다음은 비대면 미술치료 중에 유용하게 사용할 수 있는 기능들을 소개한다(이 책에서는 줌 플랫폼에 탑재된 기능들을 위주로 안내하고자 한다).

비대면 집단 미술치료를 할 때

* 채팅

비대면 집단 미술치료 중에 한 집단원이 미술 작업을 시작하지 못하고 있다. 그렇다면 그 집단원이 미술 작업을 시작하지 못하는 이유가 무엇인지, 재료가 준비되지 않았는지, 미술 작업의 주제를 이해하지 못한 것인지 등 확인이 필요하다. 대면 상황에서라면 그룹원들에게는 방해가 되지 않게 하면서도, 그 집단원에게도 자신에게 집중되는 불편감을 느끼지 않도록 살피면서 개별로 대화를 한다.

그러나 비대면 상황에서 미술치료사가 이야기를 한다면 그 대화 내용은 모든 집단원이 각자의 컴퓨터 스피커를 통해서 노출이 되기 때문에 서로에게 불편한 상황이 된다. 미술치료사가 특정 집단원에게 이야기를 해야 하는 상황이라면 채팅 기능을 활용하여 그 집단원만 볼 수 있도록 채팅으로 이야기를 나눌 수 있다.

* 음 소거

비대면 집단 미술치료 중에 이야기를 하는 집단원만 음 소거를 해제하고 이야기하거나, 미술 작업을 하는 시간이 아닐 경우에는 음 소거를 해 주어야 다른 집단원에게 방해가 되지 않는다.

* 비디오 고정

집단 미술치료의 경우, 비디오 고정 기능을 활성화시키면 이야기하고 있는 집단원의 화면이 커지기 때문에 그 집단원의 모습을 더 세심하게 살피거나 집중할 수 있다.

미술 작품을 공유할 때

* 화면 공유

내담자가 자신의 미술 작업 결과물을 화면 공유 기능을 활용하여 미술치료사와 같이 볼 수 있다.

* 전송

비대면 미술치료에서는 내담자가 미술 작업을 미술치료사와 공유할 때, 사진을 찍어서 전송 기능을 활용하여 작품 사진을 바로 보낼 수 있다.

미술 작업 과정을 공유할 때

* 미러링

현재는 iOS용 기기를 가지고 있는 경우에 한해서 미러링 기능을 사용할 수 있다.

내담자나 치료사가 아이패드를 가지고 있는 경우, 미러링 기능을 사용하면 줌 접속한 컴퓨터와 연동이 되어서 서로의 아이패드 화면을 실시간으로 볼 수 있다. 미술치료에서 내담자가 그림을 그리는 과정을 보는 것은 중요하므로, 내담자가 드로잉 앱으로 그림 그리는 과정을 볼 수 있는 장점이 크다.

이때 내담자는 미술 작업 과정을 보여 주기 위해 별도의 기기를 설치하지 않아도 되지만, 치료사가 내담자가 그림을 그리는 모습을 볼 수 없다는 단점이 존재한다.

회기를 녹화할 때

* 기록

기록 기능을 이용하여 미술치료 회기 과정을 녹화하고 저장할 수 있다. 이때 반드시 내담자에게 기록의 목적, 방법, 비밀 유지, 폐기 방침을 알려 주어야 한다.

줌 플랫폼에서는 개인 컴퓨터 또는 줌 클라우드에 저장하도록 되어 있는데, 어디에 기록하든 암호화하여 저장해야 하며 저장 기간을 설정하여 자동 삭제되도록 한다.

각 플랫폼마다 다르겠지만 줌 플랫폼에서는 소리가 송출되는 사람의 화면이 활성화되어서 누구로부터 소리가 나오는지 표시가 되는데, 기록 역시 소리가 활성화된 사람의 화면만 녹화가 된다. 내담자가 음 소거를 한 상태로 미술 작업을 하고 미술치료사는 음 소거를 하지 않았다면 미술치료사가 내담자를 바라보고 있는 모습만 기록이 되는 일이 발생한다.

회기 중 내담자가 사용할 수 있는 기능

* 셀카 모드 끄기

셀카 모드 끄기를 설정하면 컴퓨터 화면에서 자기 모습은 보이지 않고 상대의 모습만 큰 화면으로 볼 수 있다. 미술치료 중에 컴퓨터에 나온 자신의 모습으로부터 시선을 빼앗기거나 화면을 통해서 자기 모습을 보는 것이 불편한 내담자들은 셀카 모드 끄기를 하면 대화에 집중할 수 있다.

* 가상 배경

내담자가 가상 배경을 설정하여 자신의 공간을 가릴 수 있다. 자신의 공간 노출이 꺼려지거나 집이 지저분하고 정리가 안 되어 있다는 등의 이유로 가상 배경을 사용하곤 한다. 내담자의 가상 배경 사용은 내담자의 방어 수준, 치료사와의 라포 수준, 자기개방 수준의 정도를 볼 수 있는 하나의 정보가 될 수 있다.

* 채팅

비대면 개인 미술치료 중이라도 회기 중에 안전이 확보되지 않은 경우 채팅으로 대화를 할 수 있다. 실제로 비대면 회기 중에 일어난 일이다. 성인이라도 부모님과 동거하는 경우 갑작스럽게 부모님이 들어오셔서 내담자는 이야기를 멈추고 채팅으로 대화을 나누길 원했다. 말소리가 새어 나갈까 부담이 되었기 때문이다.

또한 집단 미술치료에서 채팅을 활용하여 피드백을 주고받으면 상호작용이 촉진될 수 있다.

(3) 비대면 심리치료를 위한 온라인 화상 플랫폼

비대면 미술치료뿐만 아니라 심리치료와 관련된 분야 전문가들은 현재 시중에 나와 있는 온라인 화상 플랫폼들을 사용하고 있다. 필자 역시 줌 플랫폼을 사용하기 때문에 미술치료, 미술치료 수퍼비전, 일반 비대면 만남 일정이 모두 섞여 있었다. 그러던 중 치료사, 심리학자, 사회복지사, 상담가들을 위한 떼라네스트(TheraNest)라는 온라인 화상 플랫폼이 나왔다.

떼라네스트는 미국의 건강보험 정보 활용 및 책임에 관한 법(Health Insurane Portability and Acountability Act: HIPAA)의 규정을 준수하여 만들어졌으며, 이 사이트 안에서 보험사로부터 치료비용을 청구할 수 있도록 되어 있다.

떼라네스트 사이트에서는 내담자와의 접속도 가능할 뿐만 아니라 내담자의 회기 스케줄과 내담자의 외모, 행동, 감정 상태, 진단명, 치료 목표, 개입 방향 등 치료사 노트까지 제공되어 있으며, 치료사가 필요한 사항들도 추가하여 항목들을 만들어 차팅(charting)이 가능하다.

미술치료에서는 미술 작업 과정과 미술 작품 사진 자료 보관, 미술 작업 과정을 실시간으로 공유할 수 있는 다른 형태의 화상 플랫폼이 필요하겠다. 그러나 여전히 자료 유출이나 해킹 등의 위험은 계속 존재한다.

3. 비대면 미술치료에서의 주요 변화와 이슈

비대면 미술치료에서는 크게 공간과 미술 작업의 변화가 생겼기에 여기서는 공간, 미술 재료, 미술 작품에 대해서 살펴보겠다.

1) 물리적 공간

미술치료실은 인큐베이터와 같이 내담자를 심리적으로 양육하는 장소다.

미술치료실에는 정서적으로 수용(contain)해 주는 치료사가 있고 내담자 마음의 허기를 채워 주는 미술 재료가 준비되어 있다. 이곳에서 웃기도 하고 울기도 한다. 성인 내담자가 아이처럼 퇴행을 하더라도 자신의 삶의 공간으로 다시 준비되어서 미술치료실을 떠난다. 더군다나 미술치료실에서는 공간을 더럽힐 자유가 있어서 파스텔 가루가 날리고, 찰흙이나 물감으로 난장판이 되어도 괜찮다. 또 언제든지 바로 옆에서 도움을 줄 수 있는 미술치료사가 함께 있는 공간이기도 하다.

미술치료가 끝난 후 내담자는 다음 공간으로 이동하는 동안 또 다른 공간의 변화와 시간이 있었다. 이 시간은 내담자에게 환기가 되거나 미술치료 시간에 있었던 일들이 '소화' 또는 '정리'가 되는 과정이었을 것이다. 이 문제는 미술치료사에게도 마찬가지다. 그러나 비대면 미술치료에서는 미술치료사가 준비해 놓은 공간으로 들어가는 것이 아니라 내담자가 스스로 공간을 마련해야 한다. 미술 작업을 하기에 적합한 공간, 무엇보다 물리적으로도 안전한 공간을 내담자가 확보해야 하며 미술 작업을 위해서 재료도 준비해야 하는 등 할 일이 많아졌다. 공간 변화는 물리적으로 미술치료사의 공간과 내담자의 공간 그리고 온라인 공간으로 구분하여 생각해 보려고 한다. 그리고 온라인 공간으로 인해 생긴 모니터 프레임이 던져 준 새로운 이슈 및 미술치료의 삼각 구도와 시선(gaze)에 대해서 정리해 본다.

(1) 미술치료사의 공간

① 미술치료사가 마련한 물리적 공간: "어느 공간에서 할 것인가?"

미술치료사는 기존의 미술치료실이나 미술치료사의 집에서 컴퓨터를 켜고 화상 플랫폼에 접속하여 내담자를 만날 준비를 한다. 만약 미술치료사가 집에서 만난다면 개인적인 물건이 보이지 않는 중립적(neutral) 배경이 뒤에 있도록 하거나, 공간이 허락한다면 편안한 이미지의 그림 또는 은은한 색의 벽이 보이도록 웹 카메라를 배치하는 것이 바람직하다. 미술치료사가 만나는 곳의 뒷배경에 지저분한 물건이 보이지 않도록 하는 등 내담자가 보는 화면에 신경을 쓰는 것이 좋다. 왜냐하면 비대면 미술치료에서는 컴퓨터라는 디지털 기기를 통해서 내담자를 만나고 그 기기는 네모난 화면, 즉 프레임(frame)을 가지고 있기 때문이다. 우리의 눈은 일반적인 환경에서는 선택적으로 보게 되는데, 프레임을 통해 볼 때는 그 그림의 주체가 선택하여 보여 준 것을 보게 된다.

필자는 미술치료사로서 내담자에게 가장 편안하고 안정적으로 보기 좋은 구도의 '미술치료사가 앉아 있는 그림'을 보여 주려고 내담자를 만나기 전에 웹 카메라를 움직여서 구도를 잡는다. 정물화에서는 가장 안정적으로 보이는 삼각 구도를 사용하고, 풍경화에서는 원근법을 사용하여 풍경을 안정적으로 보여 주는 것처럼 말이다. 머리 바로 뒤쪽에 램프같이 세로 선 모양의 가구나 물건이 놓이지 않도록 하는 세심함도 있으면 좋다. 머리에 뿔 난 것처럼 보일 수 있기 때문에 야외에서 사진 찍을 때 나무가 머리 뒤에 놓이지 않도록 하는 것과 같다. 일상에서는 아무 문제가 되지 않던 것들도 프레임을 통해서 보면 어색하게 보이는 것들이 있다. 필자의 동료 미술치료사는 미술치료 첫 회기를 시작하기 전에 자신의 공간을 내담자에게 보여 주고 시작하기도 한다고 하였다. 좀 더 내담자에게 친근함을 줄 수 있을 것 같아서다.

비대면이어서 공간의 제약이 없는 장점이 있지만, 미술치료사는 가급적 일관된 장소에서 만나고 미술치료사의 공간이 자주 바뀌는 것은 지양하는 것이 좋다. 미술치료사는 항상 '그 자리에 있다'는 무언의 메시지가 되어 내담자에게 안정감과 신뢰를 줄 수 있기 때문이다.

　화상 플랫폼 기능 중에 가상배경 이용 기능이 있다. 미술치료사로서 필자는 가상 배경을 사용하는 것을 좋아하지 않는다. 물론 서재나 잘 정돈된 멋진 공간의 가상배경도 있지만 치료사가 현실에서 어디에 있는지를 보여 주는 것이 바람직하다. 좋은 가상배경이라도 치료사의 공간을 가리기 위한 기능이 더 크기 때문이다. 아무리 디지털 시대가 되어도 항상 실존하는 현실감과 적응이라는 치료 목표는 변함이 없을 것이다.

　미술치료사의 집에서 미술치료를 한다면 생활하는 공간과 일하는 공간을 분리하여 가급적 혼자 있는 시간에 할 것을 권유한다. 내담자와의 대화가 오고가기 때문에 비밀 유지에 치명적일 수 있다. 여의치 않다면 이어폰을 사용해야 한다.

　② 비대면 미술치료가 끝나고 난 후의 공간

　미술치료가 끝나고 난 후에는 미술치료사에게도 환기 공간이 필요하다. 화상이 꺼지고 나서 내담자와의 만남이 잔상으로 남기 때문이다. 미술 작업을 하는 것도 추천한다. 비대면 미술치료를 하는 장소와 개인적인 삶의 장소 구분은 미술치료사의 자기돌봄에 필수인데, 특히 미술치료사의 집에서 미술치료를 했다면 독립된 공간이 있으면 좋다. 미술치료사로 있었던 장소를 잠시 떠나는 것을 권유한다.

(2) 내담자의 공간

① 내담자가 마련한 물리적 공간: "독립된 공간이 있는가?, 혼자 있을 공간이 없다면 어디서 만나는 것이 좋은가?"

내담자의 공간은 미술치료사가 일방향적으로 만든 환경이 아니라 내담자가 스스로 선택해서 만든 공간이라는 것에 의미가 있다.

미술치료를 시작하기 전에 내담자에게 공간에 대해서 구체적으로 지침을 주고 시작하는 것이 좋다. 가장 중요한 것은 독립된 공간이며 비밀 유지가 가능한 곳인지를 확인해야 한다.

2016년에 미술치료를 받던 내담자가 외국으로 유학을 가게 되어 갑자기 종결을 해야 했다. 그 당시에 스카이프를 통해서 미술치료를 이어 가도록 제안하였고 시도를 하게 되었다. 내담자는 학교의 기숙사에서 룸메이트와 살고 있었다. 혼자 있는 시간에 약속을 해서 만났지만 예고 없이 룸메이트가 들어오는 날도 있었다. 화면을 통해서 룸메이트가 왔다 갔다 하는 모습이 보였다. 그럴 때마다 흐름은 깨져 버렸고, 내담자의 언어를 못 알아듣는 외국인이라고 해도 비밀 유지에 문제가 생겼다. 그 후 내담자는 인터넷 연결이 가능하고 편안하게 미술치료를 받을 공간을 찾지 못했고, 결국 미술치료는 종결되었다.

성인으로서 독립된 공간에서 혼자 사는 경우라면 크게 문제되지 않겠지만 아동 · 청소년인 경우 부모가 공간을 찾아 주고 비밀 유지를 지켜 주어야 한다. 성인이라 하더라도 부모와 함께 사는 경우 안전하지 않을 수 있다. 미술치료 시간에 이야기를 나누는 중에 부모가 집에 들어와 갑자기 목소리를 죽이고 이어폰을 급히 끼는 경우도 있다.

공간을 찾고 미술치료 시간을 잡기 위해서는 내담자의 스케줄뿐만 아니라 가족들의 스케줄 등 다른 요소까지 고려해야 한다. 집에 부모님이 계신 날 미술치료를 하게 되면, 내담자는 자신의 이야기 중 좀 더 사적인 내용을 다루게 될 때 줌에 있는 채팅방 기능을 이용해서 채팅으로 이야기를 하기도 한다.

어떤 내담자는 자신의 방이 지저분하다면서 가상 배경을 사용하기도 했다. 이 점이 비대면 미술치료에서 새롭게 나타난 현상이다.

필자는 미술치료 중 내담자에게 자신의 방을 그려 보도록 할 때가 있다. 그 그림을 보면서 내담자의 시선을 볼 수 있다. 자기가 생활하는 곳이어도 주관적으로 기억하고 표현하는 것이기 때문에 그려진 것들을 보면서 내담자의 소망과 취향, 좋아하는 것, 소중히 여기는 것, 제외된 것 등에 대해서 이야기를 나눌 수 있다. 그런데 비대면 미술치료에서는 실제로 내담자의 공간을 직접보게 되어서 내담자를 더 이해할 수 있는 정보의 한 조각을 받게 된 것 같다. '자기 방 그려 보기'는 비대면 미술치료에서 기존의 치료 기법 목표와는 다르게 재고해 보아야 할 주제가 되었다.

필자가 만나는 내담자는 좋은 공간을 못 찾은 경우도 있어서 카페에 가서 이어폰을 끼고 만나기도 한다. 이때는 미술 작업을 못하게 되기도 하지만 지난 회기의 미술 작업들을 불러와 보거나 디지털 매체를 활용해 보기도 한다.

② 미술 작업을 하기에 좋은 공간

내담자는 미술 작업을 할 수 있는 책상을 준비해야 한다.

미술치료사는 내담자가 작업할 수 있는 환경 요건을 미리 알고 미술 재료 준비나 작업할 수 있는 기법들을 고안해야 한다. 미술 재료에 따라서 주변이 더러워질 것을 예상해서 책상에 신문지나 테이블 보 등을 깔아 놓도록 미리 말해 주는 것도 필요하다. 물감 작업을 할 때 물이 필요할 수도 있고, 미술 작업을 하다가 미처 준비되지 못했거나 필요한 재료가 있으면 찾으러 잠시 자리를 떠나기도 하는 일도 발생하기 때문에, 비대면 미술치료에서 미술 작업을 할 때에는 미술치료사가 매우 구체적으로 준비할 것을 미리 이야기해 주어야 한다. 내담자가 당황하지 않고 시간을 버리는 일이 발생하지 않기 위해서다.

③ 내담자만의 공간이 주는 편안함 vs 경계

치료 경계(boundary)를 세우는 것에는 치료비, 치료 시간, 이중 관계, 치료실 내에서 할 수 있는 것과 할 수 없는 것을 구분하기가 있다.

그런데 비대면 미술치료에서 내담자가 물리적으로 미술치료실에 방문을 하지 않다 보니 경계가 흐려지는 일이 생겨났다. 가령, 내담자가 자신의 집에서 미술치료를 받는 경우, 익숙하고 편안한 공간인 데다가 일상생활을 하던 곳이기 때문에 하던 일을 제대로 마무리하지 못한 채 미술치료를 시작할 수도 있다. 또는 식사를 하지 못해서 간단하게 먹으면서 할 수 있는지, 맥주를 마시면서 해도 되는지 물어보기도 한다. 집에서 일하던 시간과 미술치료 시간이 겹쳐져서 마음이 흐트러지는 일도 생겼고, 택배가 온다거나 미술치료를 하는 시간 중 잠시 집에서 할 수 있는 일처리를 하는 등 미술치료 시간에 온전히 집중하지 못하는 일이 발생하는 것이다. 잠옷을 입고 만나거나 심지어 담배를 피는 일도 있었다는 사례가 보고되기도 하였고, 의도치 않게 내담자들의 집에서 불법적인 물건을 볼 수도 있다고 했다(Levy, Spooner, Lee, Sonke, Myers, & Snow, 2017). 우리나라에서는 흔한 일이 아니겠지만 마약이나 대마초, 총기류 등이 내담자의 집에 있는 것을 볼 수도 있다. 그런 경우 어떻게 개입을 해야 할지에 대해서도 논의가 필요하다.

　내담자의 집이어서 대면 상황에서 볼 수 없는 일도 있다. 회기 중에 몸이 아프고 눈을 뜨고 있기 어렵다 하여 화면을 끄고 내담자가 누워서 이야기하기를 원하는 경우도 있었다. 내담자가 양해를 구하고 치료사와 라포가 형성되어 있었기 때문에 회기를 이어 갈 수 있었지만 이렇듯 치료 경계를 넘나드는 상황들이 있다.

　④ 비대면 미술치료가 끝나고 난 후의 공간

　내담자에게도 미술치료가 끝난 후 환기할 수 있는 공간이 필요하다. 특히 비대면 미술치료에서 무겁거나 어려운 주제를 다루었을 경우에 더욱 그렇다. 미술치료사, 내담자, 미술 작품 삼각 구도의 대화 속에 있다가 미술치료사의 화면이 꺼지고 내담자와 미술 작품만 남게 되기 때문에, 미술 작품을 다른 곳에 놓거나 잠시 미술치료를 받았던 공간에서 떠나 다른 곳으로 이동할 것을 권유한다.

물론 미술치료사가 떠나고 미술 작품과 둘이 남아 어떤 내담자에게는 통찰의 시간이 될 수도 있지만, 미술치료사가 없는 상태에서 또 다른 이미지가 내담자에게 말을 걸어와 압도될 수도 있기 때문에 미술치료 시간이 연장되지 않도록 흐름을 끊어 주는 것이 좋다.

토의 생각거리

내담자의 집에서 마약, 총기, 대마초 등 불법적인 물건을 보게 되었을 때 어떻게 개입해야 할까요?

2) 온라인 공간

비대면 미술치료를 하면서 가장 우려했던 것이 '같은 공간에 없어도 내담자와 마음과 마음이 만나질까?'였으나 실제로 한 번도 보지 못했던 내담자여도 분명히 연결감을 가질 수 있었다. 회기를 거듭하면서 라포 형성도 크게 문제되지 않는 것을 경험했다. 내담자가 만든 물리적 공간도, 미술치료사의 물리적 공간도 아닌 제 3의 공간이면서도 마음의 공간도 만들어진다는 것이 신기한 일이다.

여기서는 온라인 공간으로 인해 새롭게 등장한 비디오 링크(video link)와 네모난 프레임을 통해 '서로를 본다'는 시각적 경험에 대해서 생각해 보고자 한다.

① 비디오 링크

디지털 기기로 인터넷 연결이 되어 비디오 링크를 클릭하면 화면이 켜지면서 사람이 '짠' 하고 나온다. 온라인에서의 미술치료실은 비디오 링크일 수도 있다(Case & Dally, 2014)는 언급은 '장소'의 개념이 바뀌었다는 것을 잘 말해 주고 있다.

기존에는 만남을 위해서 내담자에게 주소를 주었지만 이제는 온라인 접속 링크를 보내어 만난다. 미술치료사가 화상 플랫폼에서 만나는 날짜, 시간을 설정하면 암호 번호가 생성되며 비디오 링크 주소가 만들어진다. 집단이라면 반드시 암호 설정을 공유하여 아무나 입장할 수 없도록 보안에 신경을 써야 한다.

② 모니터 프레임(Monitor Frame)

가. 모니터 프레임 안의 환경

비대면 미술치료를 할 때 각자 가지고 있는 디지털 기기에 따라 모니터의 크기가 다르다는 것과 화면의 직사각형 프레임은 기존 미술치료에서 서로의 모습과 미술 작품을 '본다'는 개념에 변화를 주었다.

사람의 시각적 경험은 선택과 집중에 의해서 어떤 것은 보기도 하고 보지 못하기도 하는데, 온라인 만남에서는 내담자가 보여 준 화면, 치료사가 보여 준 화면을 보게 된다. 최근에는 인스타그램과 같은 소셜미디어가 발달하면서 '보여 주는 문화'가 발달하였다. 피드에 어떻게 나타날지 미리 고려해 사진을 찍어서 보여 주는 것이다.

미술치료사 역시 내담자가 보기에 편안한 배경이 되도록 공간을 꾸며서 보여 줄 수 있지만 가상 배경을 사용하는 것은 생각해 봐야 한다. 미술치료사의 공간을 보여 주지 않는다는 인상을 줄 수 있기 때문에, 내담자가 불필요한 상상을 하며 에너지를 쓰도록 하는 일이 될 수 있다. 어떤 내담자들은 자기 방이 지저분하거나 보여 주고 싶지 않은 것 등이 있을 때 외국의 어느 거리, 멋진 자연 풍경 또는 자신이 만든 것으로 가상 배경을 설정한다.

이때 가상 배경을 설정한 이유에 대해서는 가볍게 이야기를 나누곤 한다. 내담자가 안전한 곳에 있는지, 미술치료하기에 좋은 환경에 있는지 확인하는 것은 중요하기 때문이다.

나. 모니터 프레임 밖의 환경

모니터 프레임 밖의 환경은 내담자가 일상생활을 하던 곳 그대로 펼쳐져 있어서 미술치료에 집중하는 데 어려울 수 있다.

프레임 밖은 미술치료사에게 안 보이기 때문에 미술치료를 위한 안전한 경계 설정은 내담자가 해 주어야 하므로 새로운 지침 또한 마련되어야 한다. 예를 들어, 성인의 경우라면 미술치료 중에 알코올음료 섭취를 금한다는 것, 특히 청소년의 경우라면 다른 디지털 기기를 이용하지 않는 것[다른 디지털 기기로 채팅, 동영상 시청, 다른 실시간 방송 청취(예: 클럽하우스, 유튜브 방송)] 등을 구체적으로 제시해 주어야 한다. 카카오톡이 개인 컴퓨터에 활성화되어 있다면 연결을 끊고 시작을 해야 카카오톡 알림으로 인한 방해를 방지할 수 있다.

이처럼 비대면 미술치료에서는 세세하게 미술치료에 방해 요소를 차단해서 일상으로부터 침범받지 않는 경계 설정이 중요하게 되었다.

다. 모니터 프레임을 통해서 "보기"

● 미술치료사와 내담자가 서로 보기

눈맞춤은 서로의 표정 등을 보면서 서로 간 마음과 기분을 나누고 상호 작용을 하고 있다는 표현이지만 화면을 통해서는 눈맞춤이 어렵다. 내담자의 눈을 보면 서로 눈맞춤이 안 되고 카메라를 보면 미술치료사는 카메라를 보는 것이 되기 때문에 대체로 화면 속 내담자의 눈을 본다. 그래서 때때로 민감하게 반응을 해 주어야 할 때라면 눈맞춤과 비언어적인 표현이 내담자에게 잘 전달되지 않을 수도 있어서 이야기를 해 준다. "내가 잘 듣고 있으며 ** 씨의 모습을 보면서 충분히 ** 씨의 마음을 느끼고 있다고……" 말이다.

이 문제는 기술이 발전하면서 해결되지 않을까 기대해 본다.

● 미술치료사와 내담자가 함께 미술 작업 바라보기

치료사와 내담자가 함께 미술 작업을 바라보는 것은 미술치료의 삼각 구도로서 잘 알려져 있다. 미술치료사, 내담자, 미술 작품이 유기적으로 바라보고 이야기를 나누고 의사소통을 한다는 것이다.

이쎄로우(Isserow, 2008)는 함께 보는 것이 "내담자, 이미지 및 치료사 사이의 삼각 구도가 되어서 미술치료에서 매우 중요하다."라고 했다. 대상을 바라보는 '함께 보기'는 '공동의 관심'으로 개념화되어 엄마와 아이가 함께 세상을 바라보며 이해와 의미를 공유할 수 있는 조기 발달 이론과 연결이 된다. 라캉(Lacan, 1977)은 유아가 경험하는 시선이 '사랑' 또는 '침범'이라는 다양한 방식으로 경험됨을 탐구하면서, 이것이 어떻게 내면화되어 정체성 형성에 기여하는지 설명했다. 미술치료에서 '보기'는 심리치료를 포함한 모든 형태의 인간 상호 작용에 빗대어 볼 수 있다. 투페리(Tuffery, 2011)는 예술 제작 과정이 상호 응시의 발달에 어떻게 기여할 수 있는지 이야기했으며, 오브라이언(O'Brien, 2004)은 온전한 하나됨(sense of wholeness)을 확립하기 위해 유아와 보호자 사이의 시선의 중요성을 언급했다.

이처럼 미술치료에서 내담자가 미술 작업하는 것을 미술치료사가 바라봐 주기, 작품을 함께 보기가 미술치료의 치료적 요인으로 중요한 역할을 하기 때문에 비대면 미술치료에서 미술 작업 과정을 볼 수 있도록 카메라를 따로 설치하는 것을 추천한다.

미술 작품은 내담자가 가지고 있기 때문에 내담자는 실물을 보게 되고 미술치료사는 내담자가 보여 주어야 하거나 보내 준 사진으로 보게 되어서 '서로 다른 각도'에서 볼 가능성이 크다. 이 문제를 보완하기 위해서 내담자도 같이 모니터 프레임을 통해서 미술치료사와 같은 미술 작품을 보는 것이 좋고, 미술치료사가 미술 작품을 어느 각도에서 사진을 찍어야 할지 안내해 주어 내담자와 미술치료사가 같이 화면을 통해서 한 작품을 여러 각도에서 보는 것이 좋겠다.

사진을 찍어서 바로 전송하는 것이 불가능한 상황이라면 내담자가 자신의 작품을 들어서 미술치료사가 볼 수 있도록 하고 이야기를 나눈다.

● 보여 주기 vs 보여 주지 않기 vs 화면 꺼 버리기

화면의 프레임을 통해서 만나는 것은 특정 이슈를 가지고 있는 내담자나 신체 이미지나 외모를 중요시하는 청소년들에게는 부담으로 다가올 수 있다. 카메라에 의해서 자신이 어떻게 나올지, 카메라 렌즈의 각도에 따라 어떻게 보일지 신경이 쓰이기 때문이다. 식이장애 청소년을 대상으로 한 온라인 미술치료에서는 청소년들이 화면 속 자신의 모습을 보는 일에 어려움을 호소하기도 했다. 프레임 안의 자신을 보면 부정적인 생각이 들기 때문에 미술치료사가 셀카 모드 끄기와 전신이 보이지 않는다는 것을 강조하여 이야기를 해 주었지만, 비디오 화면을 아예 끄거나 자신의 미술 작업을 보여 주지 않는다는 사례도 보고되고 있다(Shaw, 2020).

대면하는 상황에서 그림을 그린 경우라면 그림을 뒤집어서 엎어 놓고 보여 주기 싫다는 것도 또 다른 의사 표현이 되지만, 비대면 미술치료에서 작품을 보여 주지 않으려고 화면을 꺼 버린다면 다른 집단원들에게도 영향을 주게 된다. 또는 내담자가 화면은 켜 놓되 자신은 거의 안 보이게 또는 얼굴의 반만 보이게 해 놓을 수도 있다. 비대면 미술치료에서는 내담자의 통제권이 절대적이다. 이런 경우, 보여 주지 않을 자유를 어떻게 다루어야 할지 또는 상호작용을 위해 보여 주어야 한다는 지침을 주어야 할 것인지에 대해서도 미술치료사에게는 새로운 과제가 생겨나게 된다.

토의 생각거리

1) 미술치료사가 가상 화면으로 배경 설정을 하는 것에 대해 어떻게 생각하나요?

2) 내담자가 가상 배경을 사용할 때 미술치료사는 어떻게 해야 한다고 생각하나요?

3) 비대면 미술치료에서 내담자가 화면을 끄기를 원할 때 또는 작품을 보여 주지 않을 때 어떻게 개입해야 할까요?

4) 비대면으로만 만났던 내담자가 미술치료 종결 후에 대면으로 만나고 싶어 한다면 무엇을 고려해야 할까요?

3) 미술 재료 준비와 보관

내담자가 가지고 있는 미술 재료가 무엇인지 미리 확인하고, 내담자가 준비할 재료와 미술치료사가 준비해서 보내 줄 재료를 구분해야 한다. 내담자가 준비해야 할 것이라면 미술치료사가 구체적으로 무엇을 준비할지 회사명을 알려 주거나 구매 사이트를 보내 주는 것이 좋다.

비대면 미술치료에서는 미술 재료를 내담자가 보관해야 하는데, 따로 상자를 마련하거나 보관 공간을 마련하도록 한다. 만약 어린 자녀가 있는 성인 내담자라면 따로 보관하지 않을 경우 아이가 쓸 수도 있다. 물론 재료를 같이 사용해도 되지만 미술 재료가 나를 위한 선물, 나를 위한 마음 밥상이라는 의미도 있기 때문에 잘 보관해 두도록 하는 것이 좋다. 필자의 경우, 대면 미술치료에서는 스케치북을 사용하기보다 낱장 종이를 제공하지만, 비대면 미술치료라면 보관하기 좋도록 스케치북을 사용하게 한다.

4) 미술 작품 보관과 폐기

비대면 미술치료에서 미술 작품의 원본은 내담자가 보관한다.

미술치료사는 내담자가 공유해 준 미술 작품 사진 파일을 미술치료사의 컴퓨터 또는 웹하드에 보관한다. 기관에서 일하는 미술치료사라면 기관의 컴퓨터를 사용하고 개인 미술치료 임상 환경이라면 미술치료사의 컴퓨터에 저장하게 될 것인데, 두 경우 다 반드시 암호화하여 저장해야 한다. 필자는 파일이 삭제되는 것을 염려하여 개인 노트북과 USB, 포털 사이트의 클라우드에 암호화하여 동시에 저장한다.

실물 작품 원본은 6개월 또는 1년의 보관 기간을 명시하고 그 이후에는 폐기한다는 내용을 내담자에게 고지하지만, 작품 사진이라면 따로 보관 기간을 두지 않는다. 영국의 미술치료협회에서 조사한 바에 의하면, 실물 작품 원본이든 전자 사진이든 내담자와 미술치료사가 같이 보관하는 경우가 52.4%, 내담자만 보관하는 경우가 46.4%, 내담자만 가지고 있으면서 작품을 사진으로만 보관하는 경우가 1.2%(Zubala & Hackett, 2020)였으며 기간은 명시하지 않았다.

그런데 만약 내담자가 이메일 계정이 없다면 미술치료사가 작품 사진을 받는 것이 불가능한데, 이럴 경우에는 화상 플랫폼의 전송 기능을 사용하면 된다. 비대면 미술치료에서는 미술 작품을 내담자가 보내 주어야 하므로 한계가 있다. 내담자가 보내는 것을 잊어버릴 수도 있고, 못 보내 줄 수도 있다. 내담자가 작품 사진을 찍을 때 내담자의 기기에 따라 화소가 낮거나 초점을 잘 못 맞추어서 찍었을 때 선명하지 않은 경우도 있다. 이런 제한이 있으므로 영국의 어느 미술치료사는 내담자가 작품 사진을 공유한 화면을 스크린 샷으로 저장한다고 한다. 내담자가 보내 주어야 하는 부담도 덜고 편리하다고 하였다. 스크린 샷 사진을 보관할 때 내담자의 얼굴이 포함되어 있다면 작품 사진만 보이도록 편집을 한다(Zubala & Hackett, 2020).

미술치료사는 내담자에게 미술 작품 보관이나 방법에 대해서 이야기를 나누어야 한다. 내담자만 알 수 있는 공간을 찾아보도록 한다거나 내담자의 작품을 다른 가족이 보게 될 경우 어떨지에 대해서도 이야기를 나눈다.

아이가 있는 성인 내담자에게는 작품을 아이의 손에 닿지 않는 곳에 두도록 한다. 내 작품이 망가지는 경험은 별로 유쾌하지 않을 것이다. 어떤 경우에는 지난 시간에 했던 작품을 어디에 두었는지 모르기도 하고, 자신이 성의 있게 그린 그림이 아니라고 생각되어 그냥 책상에 두었더니 다른 가족이 이면지로 사용했다고 한 사례도 있다(〈"나의 감정이 무엇인지" 알고 싶은 조이〉 사례 참조).

작품 폐기 방법에 대해서도 이야기해야 한다. 언제까지 가지고 있을 것인지, 폐기할 때에는 보이지 않게 잘 싸서 버리기, 자신의 개인 정보가 드러난 부분 또는 이미지는 떼어 내고 폐기하기 등에 대해서 안내해야 한다.

1) 미술치료가 끝난 후 내담자는 미술 작품을 자신의 공간에 보관하게 되고, 추후에 다시 볼 수 있게 됩니다. 내담자가 회기 후 미술 작품을 다시 볼 때 어떻게 가이드를 주는 것이 바람직할까요?

2) 내담자의 미술 작품에 내면의 상처나 갈등, 트라우마가 담겨 있을 때, 동거 가족이나 지인에게 노출될 우려에 대해 어떤 준비를 해야 할까요?

4. 비대면 미술치료에서의 매체

1) 전통적 미술 매체

미술 매체는 미술치료에서 주요한 치료적 요소 중 하나이다. 이 중 전통적 미술 매체는 치료 회기 동안 내담자가 사용하게 되는 모든 실물 재료로, 연필, 도화지, 캔버스, 파스텔, 물감을 비롯하여 점토, 공예, 철사, 끈, 플레이 콘, 드라이플라워, 밀가루, 나무, 돌 등 매우 다양한 재료가 있다.

대면 미술치료에서는 내담자가 치료실에 직접 방문하여 치료실에 비치된 여러 종류의 미술 재료를 탐색하고, 그중에서 자신을 잘 표현할 수 있는 재료를 골라 사용하게 된다. 하지만 치료실이 아닌 자신의 공간에서 온라인을 통해서 진행되는 비대면 미술치료에서는, 내담자가 쓸 수 있는 미술 재료의 종류와 양이 한정된다. 따라서 미술치료사는 양질의 치료를 위해 내담자가 사용할 미술 매체를 어떻게 마련할 것인지에 대해 고민하게 된다.

비대면 회기 동안 내담자가 사용하게 될 미술 매체를 치료사가 제공할 경우, 치료사는 내담자에게 필요한 재료가 중복되지 않도록 이미 가지고 있는 재료가 무엇인지 미리 파악하는 것이 좋다. 거기에 내담자의 매체 선호도와 치료 회기의 주제를 고려하여 미술 키트를 구성하고, 적절한 시기에 제공하는 것이 필요하다. 키트 제공 시에는 언제, 어디로, 어떤 방식으로 보내 줄 것인지, 정기적으로 보내 줄 것인지 아니면 재료가 소진되거나 추가 재료가 필요할 때 비정기적으로 보내 줄 것인지, 그리고 키트 비용을 치료비에 포함할 것인지 아니면 별도로 청구할 것인지 등에 대해 구체적으로 결정하고 내담자에게 안내하도록 한다.

치료사들의 재료 준비에 실제적 도움을 주기 위해 이번 비대면 미술치료에서 사용한 체크리스트를 소개하고자 한다. 체크리스트 항목은 미술치료에서 기본 재료인 A4 용지, 도화지, 연필, 지우개, 색연필, 12색 마커, 오일 파스텔(크레용), 파스넷, 파스텔, 수채화물감, 아크릴물감, 붓, 천사점토, 찰흙, 테이프와 접착제류 항목으로 구성하였다. [부록 3]에 실린 〈비대면 미술치료를 위한 미술 재료 체크리스트〉를 참고하여 치료 계획에 따라 수정하여 사용하기 바란다.

2) 디지털 미술 매체

디지털 미술 매체란 도화지나 물감, 점토 등의 실물 재료가 아닌 컴퓨터나 태블릿 PC, 스마트폰 등 디지털 기기상에서 그림 작업을 할 수 있는 각종 드로잉 앱을 말한다. 현재 디지털 드로잉 앱은 회화나 디자인, 웹툰 등 다양한 분야에서 활용되고 있으며, 해피 드로우 버그(Happy Draw Bug)나 키드 픽스 디럭스 3D(Kid Pix Deluxe 3D), 턱스 페인트(Tux Paint) 등 발달 단계를 고려한 아동용 드로잉 앱도 개발되어 있다. 이번 장에서는 개인 및 집단 비대면 미술치료에서 미술 매체로 활용할 수 있는 몇 가지 드로잉 앱을 소개하고자 한다.

(1) 오토데스크 스케치북

오토데스크 스케치북(Autodesk SketchBook)은 스마트폰이나 PC에서 무료로 내려받을 수 있는 드로잉 앱으로, 마이크로소프트 윈도우, 안드로

이드, iOS, macOS 운영 체제에서 사용 가능한 소프트웨어 프로그램이다. 이 프로그램에는 연필, 지우개, 마커, 브러시, 물감, 스프레이와 같은 다양한 그리기 도구가 설치되어 있어, 손 혹은 스타일러스 터치펜을 이용하여 사이즈, 색상, 텍스쳐, 농도 등을 원하는 대로 작업하고 저장할 수 있다. 따라서 여러 미술 매체를 준비하지 않고도 풍부한 그리기 기능을 활용할 수 있고, 전통적 그리기 재료나 작업물을 보관할 별도의 물리적 공간이 필요하지 않아 한정된 공간에서 사용할 수 있다. 또한 작업 중 디지털 기기에 저장된 파일을 불러와 축소, 확대, 회전 등 여러 가지 형태로 편집할 수 있고, 이전/다음 버튼을 통한 작업물의 수정이 빠르고 용이하다.

(2) 그룹보드

　　그룹보드(Groupboard)는 온라인에서 여러 사람이 함께 그림을 그리고 채팅할 수 있는 실시간 그룹 공유 프로그램으로, 태블릿 PC 나 스마트폰 등 다양한 기종의 디지털 기기에서 사용할 수 있다. 그룹보드에서는 기존의 대면 집단 미술치료에서처럼 여러 명이 하나의 화면을 보면서 협동 작업을 할 수 있어 화상으로 진행되는 비대면 집단 미술치료에서 활용하기에 좋다. 사용하는 방법은, 먼저 호스트가 그룹보드 앱을 오픈하여 참여자들을 초대한다. 참여자가 그리기 도구에서 색상, 모양, 선 두께 등을 선택하여 손가락 또는 펜을 이용해 화면에 그림을 그리면, 그룹보드에 연결된 다른 참여자들에게 이 모든 과정이 실시간으로 보이게 된다. 동시에 최대 5명의 사용자가 무료로 연결될 수 있으며, 6명 이상의 인원이 사용할 경우에는 유료로 전환된다. 그룹보드도 오토데스크 스케치북처럼 그림의 축소, 확대, 스크롤 등 다양한 편집 기능이 있으며, 디지털 기기에 저장된 그림을 불러올 수도 있다.

(3) 프로크리에이트

　　프로크리에이트(Procreate)는 아이패드와 아이폰 전용 유료 디지털 소프트 웨어로, 4K의 높은 캔버스 해상도를 가지고 있는 드로잉 앱이다. 이 앱은 그림의 보정 기능, 대칭 그리기, 손가락을 이용한 간편한 실행 취소와 재실행, 레이어 만들기와 자르기, 화면 색칠 기능 등 더욱 전문적인 디지털 그리기 작업을 할 수 있고, 애니메이션 기능을 포함한 136개의 브러시 등 다양한 스케치, 페인팅 도구가 설치되어 있어 보다 섬세한 표현이 가능하다. 또한 타임랩스 기능이 있어 그

Procreate [4+]
Sketch, paint, create.

림을 그린 과정을 처음부터 전체적으로 되돌아볼 수 있다는 장점이 있다.

(4) 미미클

미미클(Mimicle) 감정 공유 드로잉 앱은 유저들 간 그림을 볼 수 있으며, 서로 댓글달기 기능이 있고 그림에 관하여 미술치료사

의 피드백을 받을 수 있다. 또한 그림을 바탕으로 BIG 5 검사인 OCEAN[개방성(openness to experience), 성실성(conscientiousness), 외향성(extraversion), 친화성(agreeableness), 신경증(neuroticism)] 분석이 가능하다.

3) 촉감 재료의 활용

미술치료에서 사용되는 촉감 재료는 피부에 닿는 감각을 활용하는 것으로, 보다 자유로운 창조적 활동을 통해 스트레스를 감소시

키며(팽은경, 2006; 정지은 외, 2021), 감정을 표출하고 이완시켜 자기 표현 및 정서 안정에 도움을 준다(변인정, 2013; 정지은 외, 2021).

미술치료에서 입체 작업을 할 때, 내담자는 매체를 만지고 소리를 듣거나 향을 맡으면서 재료를 탐색하고, 이렇게 탐색한 재료를 가지고 미술 작업을 하게 된다. 이 과정에서 내담자는 의식적 혹은 무의식적으로 통제되던 감각을 깨우고 좀 더 자유롭게 자신을 표현하면서, 자기 이해와 수용의 심리적 성장을 도모하게 된다. 대면 미술치료에서는 치료사가 이 모든 과정을 내담자와 같은 공간에 존재하면서 함께할 수 있는데, 비대면에서는 화면을 통한 관찰만 가능하다.

그렇다면 치료사와 내담자의 상호작용이 모니터 창을 통한 2차원에 국한되는 비대면 미술치료에서, 입체 작업은 과연 효율적인 치료 방식일까? 필자는 비대면 미술치료를 시작하면서 이러한 고민을 한 적이 있었다. 이에 대한 동료 미술치료사들과의 논의 끝에, 의문은 단순 명료하게 풀렸다. '치료사가 미술치료를 하는 것'보다 '내담자가 미술 작업을 하는 것'에 초점을 맞추어 생각해 보면, 회기 장소가 미술치료실이 아니라는 점이 다를 뿐 내담자는 언제 어디서나 매체에 제한 없이 자신을 제일 잘 표현하고 위로할 수 있는 재료를 사용함으로써 치료적 효과를 극대화하는 것이 중요하다. 예를 들어, 필자는 초등학교 때 아버지로부터 가정 폭력을 당했던 고등학생의 미술치료를 맡았던 적이 있었다. 작고 약한 아이였던 내담자는 이차성징을 거치면서 아버지보다 키가 크고 힘이 세졌고, 이전에 감히 대적할 수 없었던 아버지를 죽이고 싶다는 강한

분노가 언어로 터져 나오기 시작하였다. 미술치료 초반에 내담자
는 자신이 얼마나 잔인하게 아버지를 죽이고 싶은지에 대해, 회기
대부분의 시간을 할애하여 장황하게 이야기하곤 하였다. 이에 미
술치료 시간에 이런 강한 공격 욕구를 신체적 활동으로 전환하고
심리적 흥분을 가라앉힐 수 있도록 10kg짜리 도자기 찰흙을 제공
하고 마음껏 사용하도록 하였다. 처음 내담자는 찰흙에 관심을 보
이면서 이걸 다 써도 되는지 물었고, 세 차례의 회기에 걸쳐 아버지
형상을 크게 만들며 때리고 두들겼다. 놀라운 것은 이후 회기가 진
행될수록 내담자는 언어적으로 표현된 엄청난 분노에도 불구하고
결코 아버지 형상의 작업물을 부수거나 망가뜨리려고 하지 않았
고, 작업물을 소중히 다루기 시작했다는 점이었다. 내담자는 찰흙
이라는 재료로 어린 시절에 자신을 학대했던 아버지를 만들고, 그
아버지 형상에 오랜 기간 동안 쌓여 있던 분노의 감정을 표출하면
서 카타르시스를 느끼는 것 같았고, 그 과정에서 좀 더 심연에 간직
하고 있던 아버지에 대한 양가감정을 발견해 가는 듯 보였다. 그리
고 동시에 아버지를 향한 공격 에너지가 자신의 창조물, 즉 일종의
자기대상(self object)에 대한 몰입과 만족감으로 승화(sublimation)
하는 심리적 방어기제가 활성화되는 것 같았다. 매체 자체가 갖고
있는 바로 이러한 치료적인 특성은 비대면 미술치료에서도 충분히
활용되어야 하기에, 내담자의 매체 선호도와 치료사의 회기 계획
등을 고려한 적절한 촉감 재료의 준비는 치료 방식에 상관없이 고
려되어야 할 것이다.

　단, 내담자가 감정적으로 불안정한 경우에는 촉감 재료의 사용

에 주의가 필요하다. 촉감 재료를 사용하여 퇴행하다가, 그동안 억눌렸던 감정이 활성화되면서 공격적인 행동화로 이어질 가능성을 생각해 보아야 한다. 비대면 회기에서는 치료사가 옆에 없기 때문에 즉각적이고 직접적인 개입에 제한이 있다는 점을 염두에 두고, 내담자의 심리 상태와 재료의 특성을 고려하여 안전한 회기가 될 수 있도록 재료를 제안하는 것이 필요하다.

비대면 미술치료에서 촉감 재료가 필요한 또 하나의 이유가 있다. 비대면에서는 회기 내내 모니터를 응시해야 하므로 대면치료에 비해 눈의 피로가 가중되는 경향이 있다. 따라서 가능하다면 손의 감촉과 신체 에너지를 사용할 수 있는 만들기 작업을 포함시켜 다양한 감각을 활성화하고, 좀 더 동적인 활동을 통해 리비도를 건강한 방식으로 전환하는 것이 좋다.

촉감 재료에는 솜이나 폼폼, 스팽글, 모래, 비즈, 끈, 나무, 철사 등 건식 재료와 점토, 종이죽, 밀가루풀, 쉐이빙 폼이나 비누 거품 등의 물기가 있는 습식 재료가 있다. 습식 재료를 사용할 때에는 내담자에게 물기를 흡수하거나 손을 닦을 수 있는 수건 혹은 티슈 등을 미리 준비하도록 안내하는 것이 필요하다.

이와 같이 미술치료에서 촉감 자극은 내담자에 따라 중요한 치료적 요소가 되기도 하는데, 전통적 매체 없이 디지털 매체만을 사용하는 치료 회기의 경우 촉감 자극이 제한되어 아쉬움이 남는다. 하지만 시각과 청각을 통해서도 촉감의 구현이 가능하고(백승화 외, 2001), 직접 만지지 않아도 시각적 자극에 촉각적 경험이 더해진다면 촉감을 활성화할 수 있다는 '시각적 촉감'에 대한 연구(오강

수 외, 2017)가 디자인 영역에서 꾸준히 이루어지고 있다. 향후 디지털 기술이 더 많은 발전을 이루게 되면, 전통적 재료 사용이 제한되거나 디지털 매체에 국한되는 비대면 미술치료에서도 촉감 자극이 적절히 활용될 수 있기를 기대해 본다.

5. 비대면 미술치료의 이점

1) 미술치료 서비스의 확장

(1) 시 · 공간의 제약 극복

대면 미술치료의 경우에는 내담자가 미술치료 서비스를 받기 위해 미술치료실로 이동하는 시간과 에너지가 든다. 그래서 내담자 자신이 만나고 싶은 미술치료사가 있더라도 먼 거리에 위치해 있을 때 미술치료에 참여하기 위해 소요되는 이동 시간으로 인하여 미술치료 서비스 선택에 제한이 생기기도 한다. 예를 들어, 지방에서 생활하는 내담자가 만나고 싶은 미술치료사가 서울에 있는 경우 매주 미술치료를 받기 위해 서울로 올라와야 하는 시간적 · 경제적 부담을 지게 된다.

내담자가 미술치료 서비스를 선택할 때는 할애하게 되는 에너지도 중요하게 고려되는 요소이다. 내담자는 자신의 집 근처 혹은 직장 근처와 같이 이동하기 편안한 장소를 선호할 수 있다. 내담자가 가장 원하는 미술치료 서비스가 아닌 차선을 선택하게 되는 상황이 발생할 수도 있다.

그러나 비대면 미술치료의 경우에는 온라인 공간에서 미술치료사와 내담자가 만나기 때문에 자신이 선호하는 공간에서 원하는 미술치료 서비스를 선택적으로 편리하게 받을 수 있다. 실제로 비대면 방식이 활성화됨에 따라 필자는 해외에 거주하는 내담자와의 미술치료가 자연스러워졌다.

(2) 신체적 · 심리적 이동의 제약 극복

대면 미술치료에서는 장애가 있는 내담자의 경우 치료실 공간으로 이동하는 데 제약이 있어 미술치료 서비스를 받기까지 물리적 · 심리적 장벽이 있었다. 휠체어를 사용하거나 타인의 도움이 필요한 정도의 신체적 장애를 가진 내담자의 경우, 자신의 공간 외의 장소로 이동하는 것에 제한이 있어 생활권에서 벗어난 낯선 장소에서 미술치료 회기를 새로이 시작하는 것에 대한 부담을 가지기도 한다.

행동 틱, 음성 틱이 있는 경우나 우울증이 심해 집 밖으로의 외출이 어려운 경우 등 정신과적 장애를 가진 내담자도 미술치료를 받기 위해 감내해야 하는 불편한 상황들에 노출되기도 한다. 혼자서 거동이 불편한 노인 내담자의 경우에도 타인의 도움을 절대적으로 필요로 하기 때문에 쉽게 미술치료를 시작하지 못하고 주저하게 되기도 한다.

그러나 비대면 미술치료의 경우, 자신의 공간에서 미술치료 서비스를 받을 수 있어 내담자의 심리적 부담이 줄어든다. 비대면 미술치료 서비스를 통해 내담자는 개인의 고립감을 해소하고, 타인과 상호작용하는 과정에서 자기 내면의 어려움을 공유할 수 있는 기회를 얻을 수 있다. 비대면 미술치료에서는 디지털 플랫폼에서 제공하는 채팅 기능을 활용한 소통도 가능해짐으로써, 내담자와 언어적 상호작용이 어려운 경우에도 미술 작업을 하고 작업에 대한 이야기를 나눌 때의 어려움과 한계를 넘어설 수 있게 되었다.

COVID-19 이후 비대면 미술치료에 대한 인식과 필요성이 점차 대두됨에 따라 미술치료사들도 자신의 역량을 다양한 내담자 군에 제공하게 되는 용기와 기회를 얻게 된다.

필자도 COVID-19 이전에는 비대면 미술치료의 효과나 실제 임상으로의 적용에 대해 과연 치료적인 효과가 있을 것인가를 염려하고 회의적인 입장이었으나, 비대면이 완연해진 시대적 흐름으로 인해 실제로 비대면 미술치료를 수행해 보니 치료사로서 더 열린 시각을 가지고 다양한 사례의 내담자를 접할 기회를 얻기도 하였다.

2) 내담자의 자율성 촉진

(1) 안전한 공간에서의 편안함

미술치료에서 공간은 치료의 효과에 영향을 미칠 수 있는 중요한 환경적 요인으로서 내담자에게 안정감과 안전함을 제공할 수 있어야 한다.

미술치료를 새로이 시작할 때 미술치료사, 미술치료실, 미술 작업 등 모든 것은 내담자에게 낯선 상황이다. 내담자들이 낯선 환경에 적응하는 데도 많은 시간과 에너지가 필요하다.

반면에 비대면 미술치료에서 내담자는 자신이 선호하여 선택한 공간에서 미술치료 서비스를 받게 된다. 기존 대면 미술치료에서 미술치료사가 구성하여 제공하는 낯선 공간에 적응해야 하는 과정을 경험해야 했다면, 이제는 이미 내담자 자신에게 안전한 공간이자 안정감을 느낄 수 있는 공간에서 참여할 수 있게 되었다.

내담자가 안전함과 안정감을 확보할 때 자기 내면으로의 탐색과 표현이 깊이 있게 다루어질 수 있다. 내담자 중에 자기의 안정감을 확보하는 것이 어려운 경우, 미술 작업을 통한 자기개방에 어려움을 경험하기도 한다. 안전한 공간과 내담자의 안정감은 미술치료에서의 치료적 관계 형성과 치료적 목표를 달성하는 데 영향을 미치는 요인이기도 하다.

(2) 능동적이고 적극적인 참여 촉진

대면 미술치료에서는 미술치료사가 제공하는 치료적 환경에 내담자가 방문하는 방식으로 치료가 이루어지지만, 비대면 미술치료에서는 내담자가 자신에게 필요한 치료적 환경을 스스로 만들어야 한다. 비대면 미술치료에서는 내담자 자신이 미술치료 회기에서 필요한 미술 재료를 준비하고 작업 후 재료를 정리하고 작업한 결과물을 보관하는 모든 과정에 능동적이고 적극적인 자세로 임해야 한다.

이러한 경험은 평소 자기 삶의 주체성을 발휘하지 못한 채 수동적인 삶을 살아온 내담자이거나 자기돌봄이 익숙하지 않은 내담자에게 자신의 노력으로 안정감 있고 자신에게 필요로 하는 환경을 만들어 가는 시도를 해 보는 훈련의 기회가 될 수 있다.

내담자는 비대면 미술치료 경험을 통해 자신을 자기 삶의 주인이자 자기 삶을 스스로 변화시켜 나갈 수 있는 주체적 존재로 인식하고, 자기주도성을 확보해 나가는 상징적 장면을 경험하고, 일상의 삶으로 그 적용 범위를 확장해 나갈 수 있게 된다.

(3) 자기돌봄 미술 작업으로의 확장

대면 미술치료에서는 미술치료실에 준비된 미술 재료를 주로 사용하게 되지만, 비대면 미술치료에서는 미술치료사가 내담자에게 미술 재료 키트를 제공하는 경우 외에도 내담자가 원하는 미술 재료를 직접 준비하여 미술 작업에 활용하는 것이 더 자유로워진다.

내담자가 이미 자신이 가지고 있는 일상의 재료나 평소 자신이 사용해 보지는 못했으나 매력적으로 느꼈던 재료를 선택하여 미술치료 회기에서 다루어 볼 수도 있다. 태블릿 PC를 활용하는 경우에는 드로잉 앱의 기능에 포함된 다양한 미술적 표현도 실험해 볼 수 있다. 앱에 포함된 다양한 재료의 성질을 자신의 필요에 따라 선택할 수 있고 수정 작업이 용이하며, 전통적 미술 재료를 모두 구매하지 않아도 미술 작업이 가능하다.

대면 미술치료에서는 내담자가 완성한 미술 작업 결과물을 치료실에 보관하거나 내담자가 가지고 가게 된다. 내담자가 연속 작업을 할 때는 작품을 미술치료실에 보관하여 두는 것을 선호하기도 한다. 내담자가 작업한 이미지가 미술치료실에 보관되는 경우에는 작품과 내담자가 분리됨으로써 미술치료 회기 시간 이후에 미술 작업을 이어 가는 것이 어렵다.

그러나 비대면 미술치료에서는 내담자가 자신의 공간에서 미술 작업을 하고 이미지를 자신의 공간에 보관하게 된다. 그래서 내담자는 미술치료 회기가 마무리된 이후에도 자신이 원하는 경우, 자신의 공간에 보관하고 있는 미술 재료를 활용하여 미술 작업을 확장하여 작업할 수 있는 환경이 자연스럽게 조성된다. 미술치료사가 제공한 미술 재료 키트나 개인 미술 재료를 내담자 공간에 계속 보관하고 있기 때문에 자기 미술 작업을 할 수 있는 촉진적 환경이 조성된다. 내담자는 자신이 원한다면 언제든 자기 미술 작업을 할 수 있고, 그것을 이후 회기에서 미술치료사와 나눌 수도 있다. 내담자는 비대면 미술치료 이후에도 미술 작업을 통한 자기치유적 작업을 이어 갈 수 있는 기회가 늘어난다.

6. 비대면 미술치료에서의 실제적 고려 사항

1) 미술치료사의 새로운 과제

(1) 회기 내 구조화하기

비대면 미술치료 회기 내에서는 치료사의 역할이 줄어든 것처럼 보이지만 오히려 사전 준비가 많아지고, 특히 '구조화'에 신경을 써야 한다.

미술치료가 시작되기 전에 그날 사용하게 될 미술 재료, 내담자와 같이 지난 회기의 미술 작품을 가지고 회기에 참여할 수 있도록 문자 등을 보내어 미리 준비할 것들을 안내하는 것이 좋다. 이 과정이 없으면 미술치료 회기 내에 내담자가 왔다 갔다 하면서 준비하느라 시간 소비가 있을 수 있으며 회기의 집중도가 흐트러진다.

회기가 시작되면, 먼저 기기가 다 준비되어 있는지, 접속 상태는 원활한지, 소리가 잘 전달되는지, 하울링은 없는지, 미술 작업 과정을 보기 위한 디지털 기기 설치 시 미술 작업을 볼 수 있는 거리감과 각도로 잘 맞춰져 있는지를 점검하는 시간도 회기 시간에 포함해야 한다.

시간 분배도 중요하므로 여유 있게 시간을 두고 마무리를 하면서, 미술치료가 끝나고 난 후의 미술 작품 보관, 청소, 환기 방법에 대해서도 이야기하고 종료하기를 바란다. 치료사와 내담자가 마음의 식사를 위한 요리를 하고 난 뒤, 벌여진 것들을 치우고 설거지를 해야 하는 일은 내담자가 담당해야 하기 때문이다.

(2) 디지털 기기 활용 능력 갖추기

비대면 미술치료는 미술치료사와 내담자가 미술치료실에서 만나 상호작용하는 것이 아니라 웹상에서 이루어지기 때문에, 미술치료사와 내담자가 디지털 기기를 보유하였는지 여부와 활용 능력이 미술치료의 접근성과 질적인 측면에 영향을 미친다.

비대면 미술치료에서는 내담자가 컴퓨터, 휴대폰 등의 스마트 기기를 활용할 때 개인의 기기 활용 능력에 따라 비대면 미술치료 서비스 자체를 받는 것이 수월하거나 어려울 수 있다. 미술치료 과정에서 디지털 기기를 조작하고 문제 상황을 해결하는 데에 미숙한 경우에는 치료 과정에서 부자연스러운 흐름을 경험하거나 문제가 벌어지게 된 상황 자체로 인하여 내담자에게 불안정한 치료적 환경을 제공하게 된다.

미술치료사는 비대면 미술치료를 시작할 때 내담자에게 일반적인 미술치료의 장점 및 한계뿐만 아니라 비대면 미술치료이기에 가지는 특수성, 장점, 한계, 예상되는 어려움 등을 내담자에게 구체적으로 설명하는 것이 필요하다. 미술치료사는 이후 비대면 미술치료 회기가 진행되는 과정에서도 내담자와 상호 협력적인 관계를 형성하고, 회기 내에서 일어나는 어려움이나 한계점을 함께 논의하여 해결해 나가려는 자세를 갖는 것이 중요하다.

(3) 내담자를 위한 치료적 공간 함께 만들기

기존 대면 미술치료에서는 미술치료사가 치료를 촉진할 수 있는 물리적 공간을 형성하여 내담자가 안전하게 자기를 탐색하고 표현하고 이해하고 통합하는 과정을 경험할 수 있도록 한다. 미술치료실 공간이 주는 안전함과 안정감은 내담자로 하여금 있는 그대로의 자기를 미술 작업 과정과 이미지로 외현화할 수 있게 돕고, 이미지를 통해 새롭고 낯선 자기를 발견하고 수용하도록 하기 위한 기본적이고 중요한 치료적 요소 중 하나이다.

그러나 비대면 미술치료에서 내담자는 자신이 선택한 공간에서 미술치료사와 만나게 된다. 어떤 경우에는 내담자가 생활하는 환경에 따라 개인의 사생활이 보호되는 공간을 확보하기 어려운 경우가 있을 수 있고, 개인이 능동적이고도 주도적으로 자신을 위한 환경을 마련하는 것이 어려운 경우가 있을 수 있으며, 안정적인 치료적 공간의 중요성을 인식하지 못하는 경우 매 회기마다 다른 공간에서 미술치료에 참여하는 경우도 있을 수 있다.

이때 미술치료사는 내담자로 하여금 불안정한 치료적 환경이 치료에 미치는 영향과 치료적 환경이 왜 중요하고 어떠한 환경을 구성하는 것이 적절한지에 대해서 구체적으로 설명하고 치료적 환경을 함께 만들어 가는 과정이 필요하다.

비대면 미술치료에서는 미술치료사가 내담자를 위하여 치료적 공간을 직접 구성하여 제공하기는 어렵지만, 내담자가 자신의 공간을 치료적 환경으로 구현하는 방법을 함께 고민하고 만들어 가는 것이 중요하며, 이 과정 자체가 이미 치료적 과정이라고 할 수 있다.

(4) 작업 과정 공유의 중요성 안내하기

비대면 미술치료에서는 미술치료사와 내담자가 각각 자신의 공간에서 미술치료를 경험하게 된다. 이러한 공간적 분리로 인하여 미술치료사가 내담자의 미술 작업 과정을 관찰하고 치료적 개입을 하는 것에 제한이 생긴다. 내담자가 완성한 미술 작품뿐만 아니라 내담자의 미술 재료 선택, 미술 작업 과정에는 내담자의 개인 내면과 외부와의 상호작용 방식 등에 관한 정보가 담겨 있어 미술치료사에게 치료적 개입을 위한 다양하고도 중요한 정보를 제공한다.

그러나 비대면 미술치료에서는 내담자가 활용하는 기기의 종류

및 개수에 따라서 미술치료사가 내담자 미술의 관찰 가능한 범위와 내용에 차이가 생기게 된다. 하나의 특정한 부분에 화면이 고정되어 있게 되는 경우, 내담자의 얼굴 표정이나 미술 작업 중인 손만 보게 된다. 비대면 미술치료에서는 내담자가 설정한 화면 프레임으로 보이는 장면만을 미술치료사가 관찰하게 된다. 때문에 내담자가 어떤 미술 재료에 손길이 오래 머무는지, 물감을 사용할 때도 어떤 색을 선택하고 어떻게 섞어 나가는지, 혹시 사용하고 싶어 하면서도 선택하는 데 주저하는 움직임이 나타나지는 않는지 등을 확인하는 것이 어렵거나 일부분만 살펴보게 되어 미술치료사가 내담자의 상황이나 상태를 전체적으로 살펴보기가 힘들다. 제한된 시선은 미술치료사로 하여금 내담자의 상태를 파악하고 내담자에게 필요로 하는 치료적 개입을 제공하는 것에 어려움을 야기한다.

그래서 미술치료사는 내담자에게 미술 작업 과정을 미술치료사에게 공유하는 것의 의미와 중요성을 미리 설명하고, 어떠한 방식으로 무엇을 공유할 것인가에 대해 협의해야 한다.

(5) 문제 상황 발생 시 대처 방식 숙지하기

비대면 회기에서는 시스템의 불안정한 상태로 인하여 중간에 접속이 끊기는 경우나 기기의 오류로 인하여 음성이나 화면의 오류가 발생할 가능성이 생긴다. 이때는 미술치료사가 내담자와 사전에 주고받은 긴급 연락처를 통해 상황을 점검하고 문제를 해결할 수 있도록 개입하는 것이 필요하다.

기존의 대면 미술치료에서는 미술치료사가 문제 상황이 일어난 공간에 함께 머물러 있기 때문에 직접적이고 빠른 대처가 가능하였다. 그러나 비대면 미술치료에서는 미술치료사가 내담자와 공간이 분리되어 있는 상태이기 때문에 미술치료사는 문제 상황이 일어났을 때의 대처 방안에 대하여 사전에 내담자 및 내담자의 보호자와 논의하고 대비하여야 한다.

또한 비대면 미술치료이기 때문에 내담자가 갑작스럽게 이상 행동을 보이거나 문제 상황이 발생하였을 때 취할 수 있는 연락 체계를 사전에 확인해 두는 것이 무엇보다 중요하다. 비대면 미술치료를 내담자에게 제공할 때 미술치료사가 소속된 기관에서 비대면 미술치료를 진행하지 않는 경우에는 문제 상황 발생 시에 기관의 전화번호가 아닌 개인의 전화번호가 노출될 수밖에 없는 환경이 되었다. 때문에 기존 대면 미술치료에서도 미술치료사가 개인의 보호를 위해서 위해 업무용 휴대전화를 따로 두거나 투넘버 서비스를 활용하기도 하는 것처럼 비대면 미술치료에서도 미술치료사의 연락처 공개와 관련된 고민을 해야 한다.

미술치료 회기 중에 내담자 신변의 위협이 감지되는 경우가 생길 수 있기 때문에 미술치료사는 내담자가 살고 있는 지역과 가까운 곳에 연계할 수 있는 시스템을 사전에 확인해 두어야 한다. 응급 상황이라면 인근 병원 응급실, 경찰, 119에 신고하는 절차를 사전에 파악하고, 내담자 및 보호자에게도 미술치료 회기 중 응급 상황 발생 시 대처 방식에 대해 안내하고 동의를 얻는 과정이 필요하다.

(6) 내담자와 동일한 미술 매체 준비 및 시연하기

비대면 미술치료에서는 내담자가 미술 작업 과정에서 경험할 수 있는 어려움에 미술치료사가 즉각적으로 반응하고 개입하는 것에 제한이 있을 수 있다. 내담자가 미술 작업 과정 중에서 문제나 어려움을 해결할 수 있도록 곁에서 돕는 것 또한 미술치료사의 역할이다. 비대면 미술치료에서는 미술치료사와 내담자가 분리된 공간에서 미술치료 회기에 참여하기 때문에 즉각적이고 실제적 도움을 제공하는 데 어려움이 있으며, 내담자가 스스로 문제와 불편한 상황을 해결해 나가야 한다.

이때 미술치료사는 내담자가 불필요한 어려움을 겪지 않고 편안하게 미술 작업을 할 수 있는 방법이 무엇일지, 혼자 작업하는 과정에서 발생 가능한 문제가 무엇이 있는지를 미리 고민하고 대안을 마련하는 것이 중요하다. 미술치료사는 내담자가 작업하게 될 미술 재료를 동일하게 준비하고 미술 작업 방식이나 문제를 해결하는 방식을 화면을 통해 시연해 보일 수도 있다. 재료를 다루는 방식에 대해서 미술치료사가 언어적으로만 설명하는 것보다는 실제 재료를 다루는 방식을 화면을 통해 시연해 보이는 것이 내담자가 보다 쉽고 빠르게 이해할 수 있는 방법이 될 수 있다. 그래서 내담자와 마찬가지로, 미술치료사도 필요할 때는 휴대폰 거치대를 사용하여 미술치료사가 재료를 다루는 모습을 공유하는 것이 회기에서 내담자와의 소통을 수월하게 한다. 내담자가 미술 작업 과정에서 불필요한 좌절감이나 불편감을 경험하지 않도록 하기 위해서는 미술치료사의 내담자를 위하는 마음과 섬세한 준비가 필요하다.

(7) 회기 중 소통 방식 결정하기

비대면 집단 미술치료에서는 집단원들이 각자의 미술 작업 과정 중에 재료 사용의 어려움이나 개인적인 문제들을 미술치료사에게 이야기하고 도움을 요청하는 경우, 미술치료사 이외의 다른 집단원들에게도 동일한 소리가 공유된다.

대면 집단 미술치료에서 집단원이 미술치료사에게 도움을 요청할 때는 다른 집단원들의 작업에 방해가 되지 않도록 손을 들어 도움을 요청하고, 미술치료사가 가까이 다가가 작은 목소리로 도움을 제공함으로써 집단원들의 몰입에 방해가 되지 않도록 주의를 기울인다.

그러나 비대면 미술치료에서는 집단원이 하는 이야기나 작업 과정 중에서 발생하는 재료를 다루는 소리가 구분 없이 크게 공유되는 상황이 발생한다. 이에 미술치료사는 집단원들과 작업 과정 중에서는 어떤 방식으로 상호작용하는 것이 서로에게 좋을지를 함께 논의해 나가는 과정이 필요하다.

만일 미술치료사가 혼자 미술치료 회기를 진행하는 것이 아니라 동료 미술치료사, 보조 미술치료사들이 함께 미술치료 회기에 참여하는 경우, 미술치료 회기 도중 치료사들 간에 소통을 어떻게 할 것인가에 대해서도 고민해 보아야 한다. 대면 미술치료 회기에서는 미술치료사들 사이에 논의하거나 소통이 필요한 경우 내담자들에게 불편함이 전해지지 않도록 조용히 이야기를 나누기도 하지만, 비대면 미술치료 회기에서는 서로 논의가 필요한 상황에서 어떻게 대처해야 할지에 대한 방식을 사전에 협의해 두는 것이 좋다.

미술치료사들이 서로 어떻게 소통할 것인가에 대한 답은 정해져 있지 않지만, 미술치료사들이 서로 대화를 주고받는 것을 비대면 회기의 일부로 투명하게 내담자들과도 공유하는 방식이 자연스러울 수 있다. 혹 내담자에게 공유되는 것이 꺼려지거나 민감한 내용을 다루어야 하는 상황에서는 미술치료사만이 공유할 수 있는 플랫폼 내의 채팅 기능을 활용하는 것도 하나의 방법이 될 수 있다.

(8) 기관과의 협력 및 의견 조율하기

개인 혹은 집단 비대면 미술치료의 경우, 내담자와 미술치료사가 각자의 공간에서 화상 플랫폼에 접속하여 미술치료 서비스를 경험하게 된다. 그러나 기관에 속해 있는 개인 또는 집단이 미술치료 서비스에 참여하게 되는 경우에는 미술치료사와 기관 사이의 협의 및 협조가 필요하다.

기관에 속한 개인이 디지털 기기 소지가 가능한 경우에는 개인의 디지털 기기를 사용하여 미술치료 서비스를 받을 수 있지만, 개인의 디지털 기기 소지가 제한된 경우라면 기관에서 허가된 디지털 기기와 비밀 보장이 가능한 개인 공간이 마련되어야 한다. 기관에서 생활하는 집단원들이 각자의 기기를 소유하고 접속하는 것이 어려운 경우에는 한 대의 디지털 기기를 공유하여 한 공간에 모여할 수도 있다.

필자가 보호관찰 기관에 속한 청소년과의 비대면 미술치료를 경험한 미술치료사를 인터뷰하였을 때, 4명으로 구성된 집단이 한 공간에 모여 미술치료에 참여한 경우가 있었다고 한다. 그때 한 대의 노트북을 집단원들과 조금 떨어뜨려 설치하게 되었는데, 미술치료사가 개개인의 모습을 크게 볼 수 없고 미술 작업 과정을 자세히 보는 것이 어려운 제한적 환경이었으나 라포를 형성하고 미술 작업 및 소통을 하는 것은 얼마든지 가능했다고 하였다. 그러나 구조적인 한계점도 있었는데, 4명의 집단원이 설치된 한 대의 컴퓨터로 접속했기 때문에 화면과 음향 조정이 제한적이었다. 서로 이야기를 하는 상황에서는 미술치료사에게 집단원이 모두 보이도록 설치해야 해서 집단원들이 미술치료사를 멀리 보게 되어 답답해했다고 한다. 컴퓨터와 집단원이 착석한 자리가 먼 경우에는 집단원들의 소리가 미술치료사에게 잘 들리지 않을 수 있어 별도의 마이크 설치가 필요할 수 있고 컴퓨터 위치 설정이 중요하다. 설령 개개인이 컴퓨터를 보유한 경우라고 해도, 미술치료사와 집단원 각자는 서로의 얼굴을 크게 볼 수 있어 좋지만 집단원이 모여 앉은 자리에서 개별 컴퓨터를 설치하고 이야기를 하는 상황이 어색할 수 있고 소리의 하울링이 생길 수 있다. 만약 대형 모니터가 있거나 마이크 및 스피커 기기가 별도로 준비된 상황이라면 이런 문제가 해결될 수 있으나 기관의 상황이나 협조가 변수가 된다.

  미술치료사는 집단원들의 회기 참여 공간이 안전한 곳인지 확인하고, 컴퓨터를 어떻게 세팅할 것인지, 소리가 충분히 잘 전달되는지에 대한 부분을 회기가 시작되기 전에 미리 살펴보거나 기관 담당자와 충분히 논의하고 보완해 나가는 노력이 필요하다.

1) 미술치료사는 회기 중에 내담자와 실시간으로 소통할 수 있는 별도의 연락처 공유 방법에 대하여 생각해 봐야 합니다. 치료사를 보호해야 하기 때문에 업무용 폰을 따로 두기도 하고 기관에 속한 치료사의 경우 기관 전화를 사용하면 되지만, 그 방법이 어려울 경우에는 어떻게 해야 할까요?

2) 온라인 접속이 되지 않거나 끊김이 잦아서 미술치료 회기를 지속하기 어려운 경우에는 어떻게 해야 할까요?

3) 내담자가 미술 작업 중 재료를 잘못 사용해서 다쳤을 때는 어떻게 해야 할까요?

4) 자살 고위험군처럼 불안정한 상태의 내담자가 미술치료 회기 전에 스크리닝되지 않았을 경우에는 어떻게 해야 할까요?

5) 기관에서 미술치료사에게 실시간 비대면 회기가 아니라 회기 내용을 동영상으로 제작하여 내담자들에게 배포하는 방식을 요구하는 경우에는 어떻게 해야 할까요?

2) 미술 재료

(1) 미술 재료 제공 방식

대면 미술치료에서는 미술치료실에 준비된 다양한 미술 재료 중에서 내담자가 원하는 재료 혹은 미술치료사의 전문적 판단과 치료적 개입을 위한 목적으로 특정 미술 재료를 준비하여 제공하는 등 유연하고 다양한 재료의 선택과 제공이 가능하다. 그러나 비대면 미술치료에서는 내담자가 미술치료실이 아니라 개인이 선택한 공간에서 미술치료 서비스를 받는 변화가 생긴다.

비대면 미술치료에서 미술치료사가 내담자에게 미술 재료를 제공하거나 준비하는 데에는 명확히 정해진 하나의 답이 있는 것이 아니다. 미술치료사는 치료 환경에 따라, 특정 기관에 속해 있다면 기관의 방침에 따라, 미술치료 회기 수 혹은 내담자의 특성에 따라 미술 재료 제공 혹은 준비 방식을 다양하고도 유연하게 고려해야 한다.

미술치료사가 미술 재료 키트를 제공할 때는 일정 기간을 정해 두고 정기적으로 한 달마다 재료를 발송하거나 10회기마다 발송하는 식으로 기간을 결정할 수 있다. 장기간의 미술치료 회기가 계획된 경우, 첫 번째 키트에는 간단한 그리기 재료들을 내담자에게 제공하고 난 뒤에 회기가 진행되는 상황에 따라 내담자에게 추가로 필요한 재료들을 순차적으로 구분하여 발송하는 것도 고려해 볼 수 있다. 회기가 지날수록 내담자가 선호하는 재료에 변화가 생기기도 하고 미술치료사가 내담자를 위한 치료적 개입으로 미술 재료에 변화를 주는 경우도 생길 수 있다.

미술치료사가 미술 재료 키트를 반드시 제작하여 보내야 하는 것은 아니다. 내담자가 가지고 있는 기본 미술 재료가 무엇이 있는지를 확인한 뒤에 내담자가 별도로 구매하기 어려울 수 있는 미술 재료에 대해서만 발송하는 방법도 있다. 혹은 내담자가 미술치료 회기에 필요한 미술 재료를 개별적으로 준비할 수 있도록 재료의 구매 목록을 작성하여 내담자에게 회기 전에 안내하는 방법도 있을 수 있다.

(2) 디지털 매체를 활용한 미술 작업

비대면 미술치료에서는 디지털 기기를 활용한 미술 작업을 적극적으로 활용해 볼 수 있다. 디지털 기기에서의 앱을 활용하여 다양한 미술 재료를 터치 기능으로 선택하여 활용할 수 있다. 이를 통해 내담자는 다양한 미술 재료를 실제로 구매하여 준비하지 않고도 다양한 미술 재료의 특성을 살린 미술 표현이 가능해진다. 예를 들어, 기존에 대면 미술치료에서 콜라주 작업을 할 때는 잡지, 책, 광고지, 엽서 등 주변의 다양한 이미지 자료를 모아 직접 자르고 오리고 붙이는 작업을 해야 했었다면, 디지털 기기를 활용한 콜라주 작업에서는 내담자 개인이 소장하고 있는 사진 파일, 이미지, 무료 웹 이미지 파일을 내려받아 원하는 크기로 스스로 조정하고 삭제하고 변형하여 수정해 나가는 작업이 훨씬 수월해진다.

그러나 디지털 기기를 활용한 미술 작업은 장점뿐만 아니라 제한점과 주의해야 할 부분들이 함께 있다.

내담자가 미술 재료를 무의식적으로 선택하는 과정에서 충동적 자기표현의 경험을 하고, 몰입의 경험으로 이어지기는 어려울 수 있다. 그리고 미술 작업을 하는 과정에서 다양한 재료들이 가진 고유의 특성을 촉각적·청각적·후각적 등 감각적 경험을 충분하게 하기가 어렵고, 근육의 움직임을 다양하게 사용할 수 없다는 것은 제한점이라고 할 수 있다.

특히 미술 작업 과정에서 디지털 기기를 사용할 때는 자칫 많고도 다양한 자료의 홍수에서 내담자가 작업에 집중하기보다는 다양한 정보에 노출되어 혼란을 경험하거나 되레 선택에 어려움을 가

1부. 비대면 미술치료의 이해

저울 수 있다.

또한 디지털 기기를 활용한 미술 작업의 경우, 조작의 미숙함이나 시스템의 불안정으로 인하여 내담자가 작업한 결과물이 의도치 않게 파일로 저장되지 않는 상황이 발생하는 등 내담자가 노력한 작업 결과물이 너무나 쉽게 삭제되거나 손상되는 경우가 있어 주의가 필요하다.

미술치료사는 비대면 미술치료에서 디지털 기기를 적극적으로 활용할 수 있으나, 내담자의 특성에 따라 무엇이 최선인가를 고민하여 결정하고 보완해야 할 부분들을 점검한 뒤 미술치료 서비스를 제공해야 할 것이다.

(3) 디지털 매체를 활용한 그림 평가 도구의 개발

디지털 기기의 드로잉 앱을 활용하여 그림 검사를 실시할 때 내담자의 그림 검사 자료를 통해 질적인 측면, 내용적인 측면을 평가하는 것에는 큰 어려움이 없으나, 정확하고 엄격한 평가 도구로 활용하기에는 신뢰도나 타당도를 확보하는 데 제한이 있다.

디지털 기기를 활용한 그림 검사를 실시하고 그 검사 자료를 정확한 통계를 활용한 양적 연구 자료로 활용하기 위해서는 그림 검사마다 제한적으로 사용해야 하는 미술 재료만으로 설정된 앱의 개발 및 제공이 필요할 것으로 보인다. 기존의 전통적 그림 검사 도구 및 검사 방식과 조건을 반영하여 디지털 기기를 활용한 그림 검사 전용 앱의 개발과 디지털 기기를 활용한 그림 검사의 신뢰도와 타당도에 관한 연구도 지속적으로 이루어질 필요가 있다.

(4) 내담자의 특성을 고려한 미술 재료 제공

비대면 미술치료에서는 미술치료사가 직접 내담자의 작업 과정에서 도움을 주거나 문제를 해결해 주는 것이 어렵다. 때문에 내담자의 연령이나 특성에 따라 칼, 순간접착제, 글루건 등 사용에 안전이 보장되기 어려운 재료는 제한되어야 하는 경우가 있을 수 있다. 미술치료사는 내담자의 특성에 맞게 사용이 제한되어야 하는 재료를 파악하고, 그 재료를 대체할 수 있는 재료를 내담자에게 제공하여야 한다.

미술치료사는 내담자에게 미술 재료 키트를 보낼 때도 내담자가 충분히 편리하게 작업 가능한 재료인지를 고려하는 것이 중요하다. 내담자가 재료를 사용하는 과정에서 불필요한 어려움을 경험하지 않도록 순간접착제 대신에 글루건이나 양면테이프를 제공하는 것을 고려하거나, 스팽글과 접착제를 보내는 것보다는 스티커처럼 간편하게 떼어 내어 작업할 수 있는 재료로 대체하여 제공하는 것도 고려할 수 있다.

토의 ┃ 생각거리

내담자가 제공된 미술 재료 키트의 재료를 한 회기에 너무 많이 사용하는 등 예상보다 빨리 소진하게 되는 경우에는 어떻게 하면 좋을까요?

3) 미술치료 비용

비대면 미술치료에서는 미술치료 비용에 대한 이슈가 자연스럽게 따라오게 된다. 비대면 미술치료에서의 비용 조정에 대한 입장은 내담자, 미술치료사, 기관에 따라 각기 다를 수 있다.

(1) 내담자의 입장

내담자는 대면으로 만나는 것 대비 비대면 미술치료의 경우 서비스의 질이 낮아지지 않을까 하는 선입견으로 인하여 비용 조정이 필요하다고 생각할 수 있다. 그러나 미술치료사는 비대면으로 이루어지더라도 동일한 시간을 할애해야 하며 대면 미술치료보다 그 이상의 준비와 에너지를 들여야 하는 상황이 발생하고, 기관에서도 기관 운영비 및 유지비의 경우 비대면 상황에서도 동일하게 들어가며, 오히려 미술 재료 키트를 발송해야 하는 경우에는 추가적인 비용이 발생하게 되는 상황을 경험하고 있다. 그러나 내담자가 이러한 상황을 모두 파악하고 헤아리기는 어렵다.

내담자의 입장에서는 비대면 미술치료에 대해 대면 미술치료와는 달리 기관 내에 보유하고 있는 미술 재료를 충분히 사용하지 못하는 상황에 대한 아쉬움과 대면 미술치료와 동질한 치료 서비스가 이루어질 것인가를 신뢰하기 어려워하는 부분이 있다. 미술치료사는 내담자가 비대면의 경우 대면과 다른 비용을 지불하고자 하는 요구가 생길 수 있음을 이해하고 치료 서비스의 질을 관리하는 것이 중요하다.

(2) 미술치료사의 입장

미술치료사의 입장에서 보면, 비대면 미술치료를 진행하는 경우라도 대면 미술치료와 동일한 회기 시간을 사용하게 된다. 미술치료사에게 회기 비용은 전문가로서의 시간 비용을 지불받는 것으로, 내담자가 당일 회기를 취소하거나 지각을 하게 되는 경우 대면 미술치료에서도 비용 조정 없이 동일한 비용을 받는 것과 연결된다고 할 수 있다.

미술치료사는 비대면 미술치료의 내담자 개개인을 위한 미술 재료 키트를 제작하는 과정에 추가적인 시간과 에너지가 소요되기도 하고, 비대면 미술치료 과정에서 몰입하기 위해 대면보다 더 많은 정신적 에너지가 소요되기도 한다. 이러한 상황을 고려한다면, 미술치료사가 비대면 회기이기 때문에 회기의 비용을 조정하여 적게 받는 것은 어려울 수 있다.

그러나 미술치료사가 기관에 소속되어 기관에 출근하여 비대면 미술치료 회기를 진행하는 것이 아니라, 개인적 공간에서 비대면 미술치료를 진행하는 경우에는 회기를 위해 이동하는 시간과 에너지를 줄일 수 있다는 부분에 있어서는 회기 비용 조정을 고려해 볼 수 있다. 또한 미술치료사가 미술 재료 키트를 발송하지 않고 필요한 미술 재료 목록을 회기 시작 전에 공유하여 내담자가 미술 재료를 준비하는 경우에도 비용 조정을 고려해 볼 수 있다.

(3) 기관의 입장

기관의 입장에서는 기관을 운영하는 데 고정비가 지속적으로 드는 상황에서 오히려 비대면 서비스를 제공함으로써 서비스 제공을 위한 플랫폼 서비스를 구매해야 하는 상황이 생긴다. 고용한 미술치료사들에게도 회기당 비용 혹은 월급을 지급할 때에는 대면 회기와 동일하게 지불되기도 한다. 때문에 비대면 미술치료 서비스를 제공받는 내담자에게도 대면 회기와 동일한 비용을 책정할 수밖에 없는 상황이 된다.

특히 기관에 방문하여 개인이나 집단원들이 대면 미술치료를 받는 경우에는 일정 부분 미술 재료를 공동으로 사용하게 되는데, 비대면 미술치료 회기에서는 내담자 개개인을 위하여 각각의 재료를 구성하여 발송해야 한다는 비용적인 부담도 짊어지게 된다. 그렇다면 이때는 오히려 추가적으로 드는 재료비와 배송비로 인해 기관에게 적자가 발생하는 상황이 생길 수 있기 때문에, 되레 내담자에게 미술 재료 구매에 대한 비용을 일정 부분 부담을 지울 수밖에 없는 상황이 생길 수도 있다.

7. 비대면 미술치료에서의 윤리

1) 미술치료사의 준비와 역할

(1) 비대면 미술치료에 대한 이해

미술치료사는 줌을 활용한 비대면 미술치료의 이점, 한계점 그리고 고려해야 할 부분을 회기가 시작되기 전에 내담자에 앞서 미리 경험해 보고 충분히 숙지하고 있어야 한다. 그 이해를 바탕으로 내담자 및 보호자에게 비대면 미술치료와 관련된 내용을 충분히 설명하고 내담자의 불안이나 궁금한 질문에 대한 답을 할 수 있어야 한다.

미술치료사가 비대면 미술치료 혹은 비대면 미술 작업을 내담자에 앞서 경험해 본다면, 내담자가 비대면 미술치료에서 경험하게 되는 어려움을 미리 살펴볼 수 있고 내담자를 위한 어떠한 도움이 필요할지에 대한 파악이 용이해진다. 미술치료사가 비대면 미술 작업 과정에서 일어날 수 있는 문제와 어려움이 무엇인지를 미리 파악하고 있다면, 내담자가 문제 상황을 경험하고 당황스러워할 때 미술치료사가 그 문제를 해결하기 위한 신속하고도 가장 적절한 개입을 제공할 수 있다.

(2) 미술치료사의 자기점검

미술치료사는 비대면 미술치료 회기가 시작되기 전에 미술치료사 스스로 자신의 신체적 · 심리적 · 정서적 · 영적인 안정감을 확보하고 있어야 한다. 미술치료사는 미술치료 회기에서 내담자를 위한 치료적 도구로서 내담자를 홀딩(holding)하고 컨테이닝(containing)을 제공해야 하는 존재이다. 미술치료사는 미술치료 회기 시작 전에 의식적으로 자신이 내담자와의 미술치료 회기에 집중할 수 있는 상태인지를 미리 점검하고 안정화한 상태로 회기에 임하는 것이 필요하다.

비대면 미술치료를 경험하는 내담자도 자신의 일상 공간에서 갑

자기 미술치료 회기 장면으로 순간 이동한 것 같은 낯선 느낌이 들수 있다. 때문에 미술치료사는 선험자로서 회기가 시작되는 시점에 내담자가 지금 여기에서의 신체적·심리적·정서적·영적인 상태를 점검하고 안정감을 확보할 수 있도록 도와야 한다. 이러한 안정화 작업 과정은 내담자가 자신의 내면에 몰입하고 미술 작업에 자기를 편안하게 드러낼 수 있는 환경을 조성하도록 돕는다.

　　그리고 미술치료사는 자신의 비대면 미술치료 회기가 적절히 이루어지고 있는지 미술치료 수퍼비전에서 점검을 받는 것에도 주저함이 없어야 한다. 비대면 회기의 시작, 진행 과정, 종결에서 고민이 되는 부분이나 어려움이 있을 때는 수퍼바이저와 논의하고, 필요한 경우에는 비대면 관련 교육을 받는 것도 필요하다.

2) 내담자의 미술 작품 관리

　　내담자가 만들어 낸 미술 작품은 개인을 상징적으로 표현해 낸 결과물로, 내담자의 내면이 외현화되어 고스란히 담겨 있다. 대면 미술치료 회기에서는 내담자가 개인의 어려움이나 부정적인 정서가 담겨 있는 미술 작업을 하더라도 미술치료사가 그 작업 결과물을 미술치료실에 안전하게 보관하여 주기도 하고, 내담자가 보관을 원치 않는 경우 그것을 내담자와 약속된 방식으로 미술 작품을 처리하게 된다.

　　그러나 비대면 미술치료에서는 내담자가 작업한 미술 작품을 내담자가 스스로 보관하고 처리해야 하는 상황이 있을 수 있다. 또한 내담자가 작품을 보관하고 있는 상황에서 원치 않게 주변 사람들로부터 작업 결과물에 대한 평가 혹은 피드백을 듣게 되는 상황도 발생할 수 있다. 미술 작업 결과물뿐만이 아니라 미술 재료를 보관하고 관리할 때도 다른 가족 구성원들이 부주의하게 관리하게 되는 경우들도 생겨날 수 있다.

내담자가 작업한 결과물들을 작업 파일에 보관할 수 있도록 제안할 수도 있고, 내담자가 보관하거나 혼자 처리하기 버겁거나 불편한 감정들이 올라올 여지가 있는 작업 결과물은 미술치료사에게 배송하여 미술치료사가 대신 작업 결과물들을 보관 및 폐기하는 방법도 있을 수 있다.

미술치료사는 이러한 문제들을 어떻게 다루고 싶은지에 대해서 내담자와 함께 논의하고, 작품 보관에 대한 계획을 함께 세우고 변수가 생겼을 때는 수정해 나가는 것이 필요하다.

3) 디지털 회기 기록 관리

비대면 미술치료에서는 전자기기를 활용한 온라인 플랫폼에 저장될 수 있는 영상 및 내담자와 미술치료사가 공유하게 되는 내담자의 미술 작품 사진 자료에 관련한 윤리적 문제를 중요하게 다루어야 한다.

내담자와의 회기 영상이 녹화되어 기록되고 있는지의 여부와 기록을 한다면 그 목적을 내담자 및 보호자에게 설명해야 한다. 내담자의 작품 사진 및 회기와 관련된 자료가 어떻게 관리되고 활용되는지에 대해서도 안내해야 하며, 사전에 협의되지 않은 다른 목적으로 활용되지 않도록 주의해야 한다. 회기 시작 전에 받는 미술치료 동의서에도 이러한 내용이 포함되어야 한다. 또한 내담자가 임의로 미술치료 회기와 관련된 영상을 녹화하거나, 비대면 집단 미술치료의 경우에도 다른 내담자의 이미지를 포함한 관련 자료를 유출하여 문제 상황이 발생할 시에 법적인 조치가 이루어질 수 있음에 대해서도 분명하게 설명하고 동의서를 작성함으로써 관련 문제를 미연에 방지하는 것이 중요하다.

4) 내담자 보호를 위한 노력

(1) 내담자를 위한 비밀 보장

비대면 미술치료를 받는 내담자 중에는 혼자서 비대면 미술치료에 참여하는 것이 어려운 대상이 있을 수 있다. 내담자 중 개인 기기를 소지하지 않은 경우, 화상 플랫폼 서비스 접속에 어려움이 있는 경우, 기기 조작이 미숙한 경우 등 디지털 기기를 보호자의 도움 없이 개인이 활용하는 것이 제한되는 상황이 있다. 이런 경우에는 회기 시작 때나 중간에 문제가 발생하였을 때 보호자의 도움이 필요하다.

특히 아동·청소년 내담자 보호자의 경우에는 자녀의 회기 진행 내용이나 어떤 이야기를 주고받는지에 대한 궁금증과 관심으로 모니터 화면 밖에 위치하여 대화를 엿듣거나 작업 과정을 관찰하기도 한다. 이처럼 보호자가 중간에 내담자의 회기에 개입하게 되는 상황에서는 내담자를 위한 비밀 보장이 제대로 이루어지기가 어려울 수 있다. 때문에 미술치료사는 사전에 내담자의 보호자에게 내담자를 위한 비밀 보장의 중요성과 그 의미를 설명하는 것이 중요하다. 보호자가 문제 상황에서의 보조적 역할을 수행한 이후에는 자녀와 공간적으로도 분리되어 내담자가 회기에 집중할 수 있는 안전한 환경을 조성해 줄 것을 요청해야 한다. 보호자가 내담자를 위해 독립된 공간을 마련해 주는 데는 보호자의 의지와 노력이 절대적으로 중요한 부분을 차지하며 이는 치료의 질에도 영향을 미친다.

(2) 기관 담당자의 협조 및 교육

미술치료사가 기관에 소속되어 기관 내의 디지털 기기 및 공유된 화상 플랫폼 서비스 계정을 사용하는 경우, 내담자와의 회기 기록이 PC 혹은 해당 계정에 저장되어 있을 수 있다. 이때 미술치료사는 내담자의 보호를 위하여 해당 자료를 암호화하고, 제한된 자에게만 자료가 공개될 수 있도록 설정하여 두는 것이 필요하다.

대면 미술치료에서는 미술치료사가 직접 재료를 준비하거나 치료적 환경을 구성하고, 회기 중의 문제 상황에 개입하여 문제를 해결하며, 회기 후 미술 재료를 정리하고 내담자의 미술 작업 결과물을 보관하는 등 전 과정을 관리한다. 그러나 비대면 미술치료가 기관에 속한 내담자에게 제공될 때는 미술치료사가 해당 현장과 분리된 공간에서 미술치료 서비스를 제공하는 상황이 생길 수 있고, 이때에는 기관 담당자의 협조가 필수적이라고 할 수 있다.

　미술치료사는 내담자와 공유하게 되는 화면 이외 부분들의 상황을 인지하기 어렵다. 기관 담당자가 임의로 내담자의 상태를 관찰하고 점검하기 위하여 미술치료 과정을 지켜보거나, 치료 회기 중간 들어와 내담자의 미술 작업에 개입하는 등의 상황이 발생할 수 있다. 기관에서 생활하는 내담자가 자신의 미술 작업 결과물을 직접 자신의 디지털 기기로 사진 촬영하여 미술치료사에게 송부하는 것이 제한된 경우, 기관 담당자가 대신 내담자의 이미지를 사진으로 촬영하여 미술치료사에게 공유해야 하는 등 미술치료사의 역할을 일부 대신하여 수행해야 하는 상황이 발생할 수도 있다. 이때에도 치료 과정에서 나온 결과물에 대해서 어떠한 평가도 내담자에게 하지 않아야 하는 부분, 임의로 외부로 유출하여서는 안 된다는 내용을 포함한 비밀 보장에 관련한 안내 및 교육이 제공되어야 할 것이며, 필요에 따라서는 비밀 보장과 관련된 동의서에 서명을 받는 것도 고려해 볼 수 있다.

　기관 담당자의 경우, 대면 미술치료 회기에서는 경험하지 않았던 미술치료사의 역할을 일정 부분 대신 수행해야 하는 상황으로 인해 개인의 업무가 과중되는 부담이 생겨날 수 있다. 때문에 미술치료사와 기관 담당자 간 내담자를 위한 미술치료 서비스 제공을 위해 전문가로서의 윤리적인 태도를 상호 점검하고 협력적인 관계를 형성하는 것은 중요하다고 할 수 있다.

토의 생각거리

1) 내담자가 미술 작품을 미술치료사 또는 집단원들에게 공유하고 싶어 하지 않을 때 어떻게 개입해야 할까요?

2) 내담자가 미술 작품을 SNS에 업로드하고 싶어 하는 경우에는 어떤 가이드를 주어야 할까요?

2^부

비대면 미술치료의 실제:
개인과 집단 사례

● ● ●

2부에는 다섯 개의 비대면 개인 미술치료 사례와 한 개의 비대면 집단 미술치료 사례가 소개되어 있다. 첫 번째와 두 번째 사례는 대면 치료를 하다가 비대면으로 전환한 사례들로, 비대면 회기에서 새롭게 경험된 부분과 고려할 사항 위주로 정리되어 있고, 세 번째 사례는 회기의 내용과 내담자의 참여 경험을 자세히 실어 비대면 미술치료 과정의 실제 예를 상세히 보여 주고자 하였다. 네 번째와 다섯 번째 사례는 비대면 미술치료 회기에서 화상을 통해 관찰된 내담자의 모습과 치료사의 심리 과정에 대해 이야기하듯 기술하여 좀 더 생생한 느낌을 전하고자 하였다. 마지막으로, 직장인을 대상으로 스트레스 완화를 위한 집단 미술치료 사례를 수록하였다.

섭식장애가 있는 초등학생 하늘이

1. 비대면 미술치료 시작 경위

하늘이(가명)는 거식증(BMI 13.6) 진단하에 정신건강의학과 보호병동에서 입원치료를 받고 있던 초등학교 6학년 여아로, 담당 의료진과의 심리상담 시 언어적 표현이 적고 자신을 잘 드러내지 않아 아동의 마음을 확인하고 정서적 환기를 도모하고자 미술치료에 의뢰되었다. 본 치료사는 미술치료사이자 정신보건 간호사로, 처음에는 하늘이를 간호사와 환자의 관계로 만났다. 하늘이는 자신이 뚱뚱하다는 왜곡된 신체상으로 음식을 전혀 먹지 않아 커다란 영양수액을 맞고 있었고, 음식 거부가 지속될 경우 비위관(콧줄)을 통한 식사 제공도 고려되고 있었다. 하늘이는 입원 첫째 주에 미술치료가 의뢰되어 퇴원 시까지 두 번의 대면 미술치료를 실시하였고 퇴원 후에도 미술치료를 지속하기로 하였는데, 연고지가 치료실과 차로 두 시간 거리에 있어 비대면으로 전환하였다. 단, 비대면 미술치료를 메인으로 하되 아동의 체중과 피부 상태, 탈모 등 섭식 문제와 관련된 신체적 변화를 직접 체크하기 위하여, 가능한 한 한 달에 한 번은 치료실에 직접 방문하도록 하였다.

본 치료사는 이전에도 지방에 거주하는 내담자를 대면으로 치료하다가 거리상의 문제로 치료가 중단된 적이 있어, 비대면 미술치료가 이러한 치료의 접근성을 보완해 줄 것으로 기대된다.

2. 회기 전 사전 안내 및 준비

1) 치료 환경 준비

치료사는 먼저 내담자와 어머니에게 디지털 기기의 사용과 온라인 연결이 용이한지, 치료 시간 동안 독립적으로 사용할 공간이 있는지에 대해 확인하였고, 비대면 미술치료를 위해 다음의 두 가지를 준비하도록 하였다.

- 컴퓨터와 휴대폰을 온라인 플랫폼 줌에 연결하기
- 작업 과정을 관찰할 수 있도록 휴대폰을 작업 공간의 상부에 설치하기

2) 매체 준비

이 사례에서는 세 차례의 회기 동안 미술 재료를 따로 제공하지 않고 내담자가 소지하고 있는 재료를 사용하도록 하였는데, 그 이유는 다음과 같다. 미술치료에서 매체는 마음의 허기를 채워 주는 일종의 먹을 것이며, 치료사의 매체 제공은 심리적 먹이 주기

(feeding)의 상징적 의미가 있다. 대면 치료에서는 내담자가 치료실을 이용하는 다른 내담자들과 매체를 공유하고, 회기 시간에 치료실에 내방하여 그중 일부를 사용하고 돌아가게 된다. 반면, 비대면 미술치료에서는 내담자가 특정 미술 매체를 온전히 자신의 몫으로 독점한다는 차이가 있다. 특히 음식에 대해 강한 통제 이슈를 갖고 있는 섭식장애 내담자에게는 어떤 매체를, 어느 시점에, 어떻게 제공할 것인가 하는 것에 대해 좀 더 신중히 접근할 필요가 있다. 이에 본 사례에서는 비대면 미술치료의 치료 구조가 어느 정도 안정화되고 라포가 형성되었을 때, 아동의 에너지 레벨과 작업에 대한 요구를 고려하여 미술 재료 키트를 제공하기로 하였다.

3) 오리엔테이션 및 동의서 작성

비대면 미술치료를 시작하기 전에 내담자와 어머니에게 회기 진행에 대한 전반적인 오리엔테이션과 주의 사항을 알려 주었고, 비대면 미술치료에 대한 동의서를 받았다.

3. 비대면 미술치료 구조

(1) 물리적 공간
① 내담자: 자택 내 개인 공간(하늘이의 방)
② 미술치료사: 자택 내 개인 공간

(2) 디지털 환경

줌 플랫폼

(3) 디지털 기기

① 내담자: 카메라 내장 노트북, 스마트폰, 항공 뷰 휴대폰 거치대

② 미술치료사: 카메라 내장 노트북

(4) 치료 구조

① 총 회기 수: 3회기

② 회기 시간: 금요일 오후 5시 / 60분

(5) 미술 매체

① 전통적 매체: 도화지, 연필, 색연필, 볼펜, 크레용, 물감, 점토
   등 내담자가 소지하고 있는 매체

② 디지털 매체: 사용하지 않음

4. 회기 과정

1) 1회기

내담자는 어머니의 도움으로 미리 온라인 환경을 세팅한 후, 7분
전 줌으로 입장하였다. 입장 시 내담자는 자신을 중심으로 방사형

선이 그려진 가상 화면으로 줌 배경을 설정한 상태였고, 회기 내내 검정색 마스크를 쓰고 참여하여 자신의 노출은 최소화하고 오히려 가상 화면이나 뒷배경을 치장하는 데 공을 들인 모습이었다. 거식증인 내담자는 퇴원 후에도 집에서 식사를 할 때나 외식을 할 때, 항상 작은 크기의 유아용 개인 식판을 사용하며 스스로 섭취량을 엄격히 통제하고 있었다. 회기 동안 내담자는 에너지 저하(loss of energy), 저조한 발화량(poor verbal productivity)이 두드러지는 모습이었으나, 40분의 시간 동안 비교적 잘 집중하였고 치료사와 적절히 시선을 맞추기도 하였다. 정서는 간간히 미소를 띠는 모습으로 광범위한 정동(broad affect)이 관찰되었고, 기분은 경한 우울에서 보통 정도(dysphoric~euthymic)로 보였다.

미술치료사의 Tip

• 내담자의 방어 수준과 치료 구조화

내담자는 이전에도 온라인으로 학교 수업을 받은 적이 있어 화상 미팅 방식을 전혀 어려워하지 않았고, 배경화면을 꾸미기까지 하는 등 익숙하게 줌 프로그램을 다루었다. 단, 내담자가 사용한 치료 공간은 자택의 혼자 쓰는 방이었음에도 불구하고 회기 내내 검정색 마스크를 쓰고 있었는데, 내담자의 표정이나 목소리를 좀 더 잘 관찰하기 위해서는 마스크를 벗고 참여하도록 권유할 수 있겠으나, 치료 시간 중 내담자의 심리적 방어와 통제 욕구를 수용하기 위해 그대로 두었다. 치료사에 대한 신뢰와 안전감이 확보되면 스스로 마스크를 벗을 수 있을 것이므로, 내담자의 시간을 기다려 주는 것이 좋을 것으로 생각하였다. 비대면 미술치료는 내담자의 물리적 공간이나 화상 배경 꾸미기, 치료의 시작과 마침 등 치료 구조에 있어 대면 치료에서보다 내담자의 선택과 자율성이 증가하게 된다. 따라서 치료의 디지털 공간과 물리적 시·공간에 대한 치료 구조를 어느 수준까지 설정하고 개입할 것인가에 대한 고민이 좀 더 많아지게 되는 것 같다. 가령, 내담자가 회기 시간을 늦은 밤으로 요청하는 경우나 침대에서 입장하는 경우 혹은 자신에 대한 노출을 최소화하기 위해 줌 화면에 과도한 가상 배경이나 얼굴 꾸미기를 설정하는 경우 등 기존 대면 치료였다면 발생하지 않았을 상황에 대해 어떻게 조율할 것인가에 대한 추가적인 고민이 필요하며, 이는 내담자의 증상과 환경, 치료사와의 관계 등을 고려하여 정해야 할 것으로 보인다.

• 타인에게 작업물이 노출됨

회기 후 보호자 면담 시, 보호자는 책상 위에 올려져 있던 내담자의 작업물을 보고 회기 중 내담자가 무슨 이야기를 했는지에 대해 치료사에게 문의하였다. 비대면 미술치료에서는 미술 작업물을 치료실이 아닌 내담자의 공간에 보관하게 되어, 작업물이 가족이나 동거인 등 내담자와 심리적으로 얽힌 사람들에게 노출될 가능성이 생긴다. 특히 가족 내 갈등이 있는 경우 자신의 작업물이 가족 구성원에게 보일 수 있다는 점은 내담자의 미술 작업에 영향을 줄 것이다. 비대면 미술치료 시 미술 매체와 작업물의 보관은 치료사가 직접적으로 개입할 수 없기 때문에 이 부분에 대해 내담자와 미리 이야기를 나누고, 작업물을 보이지 않는 곳에 두거나, 필요시 폐기하도록 하는 것이 좋겠다.

• 부모 상담하기

비대면 아동·청소년 미술치료의 경우, 치료 일정 조정과 치료 공간 확보, 온라인 연결, 매체 등 치료를 위한 준비와 지원에 보호자의 도움을 받는 경우가 많다. 따라서 치료사는 안정적인 치료 구조와 자원의 확보를 위해 보호자와 긍정적이고 협조적인 관계를 유지하는 것이 중요하다. 앞 단락에 기술된 내용에서, 보호자의 바람대로 회기의 내용을 알려 주어 궁금증을 풀어 줄 것인가, 만약 알려 준다면 어디까지 알려 줄 것인가 하는 문제는 아동·청소년 미술치료에서 치료사들이 한 번쯤은 고민해 보았을 내용일 것이다. 보호자는 내담자가 치료 시간 동안 치료사에게 무슨 말을 하고 어떤 행동을 하는지, 회기가 지남에 따라 어떤 변화가 있는지, 추후 예상되는 경과와 치료 계획은 무엇인지에 대해 궁금할 것이고, 치료사는 이에 대해 설명해 주어야 할 의무가 있다. 하지만 내담자가 치료사에게만 털어놓고 싶은 이야기, 때로는 비밀스러운 내용에 대해 가족이 알고 있다면 추후 내담자와 치료사의 상호작용과 치료 과정에 좋지 않은 영향을 미칠 수 있다. 따라서 치료사는 보호자에게 치료 회기 시간에 관찰되는 내담자의 모습과 치료 계획에 대해 설명을 하되, 그것이 내담자의 안전과 치료에 필요한 것인가 그리고 보호자가 그 내용을 알게 하는 것이 내담자와 보호자의 관계에 도움이 되는가 등을 고려하여야 할 것이다.

2) 2회기

이번 회기는 치료사의 온라인 접속 지연으로 7분 늦게 시작하였다. 치료 회기 동안 내담자는 미술 작업과 치료사와의 상호작용에 안정적으로 참여하였고, 지난 회기에 비해 발화량이 늘었으며 목소리도 약간 커진 모습이었다. 하지만 자신의 느낌이나 감정에 대해서는 여전히 잘 모르겠다고 대답하는 경우가 많았는데, 이는 내담자가 자신의 감정에 대해 인식하고 표현하는 것을 어려워하기 때문으로 생각되었다. 따라서 섭식 문제와 함께 자신의 진짜 감정(true emotion)을 인식, 수용하고 미술 작업을 통해 표현하기를 치료 목표 중 하나로 설정하였다.

미술치료사의 Tip

• 인터넷 접속이 불안정한 경우

대면 미술치료에서는 치료의 구성 요소로 내담자와 미술 그리고 치료사 이 세가지를 이야기하는데, 비대면 화상 미술치료는 여기에 디지털 기기와 인터넷 시스템이라는 요소가 추가된다. 컴퓨터나 휴대폰 등 디지털 기기를 이용한 온라인 만남이 익숙하지 않은 치료사와 내담자에게는 이러한 변화가 불편할 수 있지만, 팬데믹 상황에서 비대면 방식으로의 전환은 필수 불가결한 것이고 치료 공간에 대한 접근성과 시간 활용 등 여러 이점들이 확인되면서, 온라인을 이용한 심리치료는 팬데믹 후에도 내담자 혹은 치료사의 사정에 따라 치료 방식의 하나로 정착될 것이다. 다만, 기기 상태나 인터넷 불안정으로 인해 회기 중에 영상 송출이 끊기는 등의 돌발 상황이 발생할 수 있어 이에 대한 준비와 대처가 필요할 것이다. 오늘은 치료사의 인터넷 접속 지연으로 회기 시작이 늦어졌고, 회기 중에는 내담자의 인터넷이 끊기는 상황이 한 차례 있었다. 이에 치료사는 즉시 내담자와 보호자의 휴대폰으로 연락을 취하여 상황을 설명하고 재입장하도록 하여 회기를 이어 갔다.

• 비대면 회기에 대한 심리적 안정감

이번 회기에서 내담자는 지난 첫 비대면 회기에 비해 좀 더 편해진 목소리 톤과 미소가 관찰되었고 발화량도 증가한 모습이었는데, 이는 비대면 미술치료를 시작하기 전에 진행되었던 대면 미술치료에서와 비슷한 양상의 변화였다. 본 치료사는 내담자와 비대면 미술치료를 하기 전에, 입원 병동에서 두 차례 대면 미술치료를 진행한 바 있었다. 내담자는 첫 대면 회기에서 목소리가 매우 작고 신체 움직임이 제한되어 있어 전반적으로 기운이 없고 수동적인 인상이 강했으나, 두 번째 회기에서는 표정이나 목소리가 한결 편하고 자연스러워져 있었다. 따라서 이 내담자의 경우, 대면 미술치료에서 회기가 지남에 따라 느끼는 치료사에 대한 친밀도나 회기에 대한 안정감이 비대면에서도 비슷하게 나타나는 것으로 관찰되었다.

• 화상을 통한 미술 작업 관찰

이번 회기에서 내담자는 8절 흰 도화지에 사람을 그렸는데, 인물의 크기가 매우 작고 선이 흐려 표정을 알 수 없었고, 사용한 재료 또한 연필인지 색연필인지 잘 구분되지 않았다. 내담자의 작업을 컴퓨터 모니터를 통해 보게 되는 비대면 미술치료에서는 작업물의 내용이나 필압, 질감, 사용한 재료 등 작업 과정과 결과물에 대해 치료사가 명확하게 알기 어려운 경우가 있다. 또한 치료사는 내담자가 모니터를 통해 보여 주는 부분만 볼 수 있으며, 작업 과정의 관찰 또한 내담자의 기기 조작 능력과 기기 상태에 의존해야 한다는 한계가 있다. 따라서 비대면 미술치료에서는 작업 과정과 작업물의 공유를 위해 내담자의 더욱 적극적인 협조가 요구되며, 치료사가 확실히 파악되지 않는 부분에 대해서는 내담자에게 직접 물어보고 확인하는 것이 필요하다.

3) 3회기

지난 두 회기에서와 달리, 오늘 내담자는 줌에 입장할 때부터 마칠 때까지 마스크를 쓰지 않고 참여하였다. 또한 에너지 저하가 두드러지게 관찰되었던 이전 회기에 비해, 치료사의 질문에 눈동자를 굴리며 생각에 잠기는 등 좀 더 빠르고 적극적으로 반응하였고 표정도 밝아진 모습이었다.

반면, 치료 회기 후 이어진 보호자 면담에서 어머니는 내담자가 여전히 음식을 통제하고 있다며 눈물을 흘리는 등 지치고 우울해 보이는 모습이 역력하였다. 이에 치료사는 보호자의 심리적 어려움에 공감하고, 내담자의 섭식 문제가 좋아지는 데에는 시간이 걸림을 다시 한번 알려 주었다. 또한 내담자가 계속 음식의 종류와 양을 통제하고 있긴 하나 섭취량이 꾸준히 증가하고 있고, 특히 대인관계 욕구와 학업 성취에 대한 의지가 강하다는 점이 섭식행동치료에 매우 긍정적으로 작용하고 있음을 언급하고 어머니를 지지하였다.

미술치료사의 Tip

• **내담자의 치료 공간 꾸미기**

내담자가 배경화면을 어떻게 꾸몄는가, 다시 말해 치료사에게 송출되는 화면(책상이나 벽 등 물리적 공간과 온라인에서의 가상 공간)을 어떻게 꾸몄는가 하는 문제는 회기를 시작할 때 치료사에게 시각적으로 각인되는 부분으로, 이 또한 내담자의 심리 상태를 반영해 주는 요소로 파악할 수 있다. 대면 치료는 내담자가 이미 세팅된 치료 공간에 들어오는 것으로, 내담자에게는 치료 공간에 대한 어떤 선택이나 통제의 여지가 없다. 하지만 화상 미술치료에서는 내담자가 자신의 물리적 공간과 줌의 배경화면에 대하여 자발적인 연출이 가능하다. 마치 기분에 따라 헤어 스타일이나 액세서리를 바꾸는 것처럼, 내담자의 배경화면은 곧 심리 상태를 반영하거나, 치료에 대한 방어 혹은 자기개방 정도를 의미할 수 있을 것이다. 특히 언어를 통한 직접적인 자기표현이 어려운 내담자의 경우, 이 부분을 인식하고 그 의미를 고민하는 것은 치료사에게 필요한 섬세함이자 전문성이다.

• 내담자 공간의 변화

오늘은 앞선 두 번의 회기와 달리 내담자의 뒤 벽에 걸려 있던 커다란 아기 때 사진이 치워져 있었고, 처음으로 마스크를 벗어 자신의 얼굴을 훤히 드러내었다. 이로 인해 주위 환경에 비해 내담자가 부각되었고, 특히 표정이 훨씬 잘 관찰되었다. 치료사 입장에서 이런 부분은 곧 치료에 대한 내담자의 긴장과 방어의 완화 그리고 자신감의 향상으로 이해되었지만, 내담자의 입장에서 다시 생각해 보니 사진을 치운 것에는 다른 이유가 있을 수도 있을 것 같다. 가령, 어머니가 청소를 위해 잠시 제거했을 수도 있고, 내담자가 다른 곳 어딘가에 다시 걸었을 수도 있을 것이다. 비대면 미술치료에서는 치료사가 내담자의 공간을 관찰할 수 있게 되어, 이러한 공간의 변화가 있다면 이에 대해 이야기하고 심리적으로 시사되는 바가 있는지 살펴보는 것이 좋겠다.

• 디지털 공간–here and now

오늘은 내담자가 휴대폰 거치대를 설치하지 못하여 내담자의 작업 과정을 관찰하지 못하였다. 내담자는 작업을 마친 후 결과물을 들어 모니터 화면을 통해 치료사에게 보여 주었고, 치료사는 화면을 캡처하여 공유하였다. 화상 미술치료에서는 온라인 접속과 디지털 기기(노트북이나 휴대폰 등)의 사용에 대해 치료사가 직접적인 도움을 줄 수 없고, 구두나 서면에 의한 간접적인 가이드만 할 수 있다. 그런데 그런 상황이 회기에 영향을 미치는가, 미친다면 얼마나 미치는가 하는 것은 또 다른 문제로 보인다. 예를 들어, 회기 중 온라인 접속 불량으로 인해 재접속을 해야 하는 경우 치료의 흐름이 끊겨 세션에 방해가 될 수 있지만, 오히려 예상치 못했던 곤란한 상황에 대한 내담자의 반응 방식이 '지금 여기(here and now)'에서 드러나게 되어 내담자의 심리를 확인하고 치료 계획을 세우는 데 도움이 될 수도 있을 것이다. 따라서 비록 비대면 미술치료 세팅이 대면 치료에 비해 돌발 상황이 많고 불안정할 수 있으나, 회기의 질은 치료사와 내담자가 어떻게 대응하는가가 더 중요한 문제로 보인다. 단, 치료사는 디지털 공간 및 온라인 환경과 관련하여 예상되는 불편감과 대처에 대해 내담자에게 미리 안내하고, 만약 이런 불확실한 상황에 대한 불편감이 심한 내담자라면 비대면 환경에 안정감을 확보할 수 있을 때까지 가급적 대면 회기로 진행하는 등의 대안을 찾는 것이 필요할 것이다.

하늘이의 비대면 회기, 그 후

　하늘이는 세 번의 비대면 회기를 마친 후, 비대면 미술치료를 좀 더 진행하였다. 미술치료 회기 동안 관찰된 하늘이의 언어적 표현이나 행동 변화 그리고 그림에서 시사되는 심리 상태 등에 대해서는 거식증 치료를 맡고 있는 담당 의료진과 정보를 공유하여 의학적 치료에 참고하도록 하였다.

　하늘이는 회기가 진행되는 동안 식사량이 차차 늘었고, BMI는 13.7로 더 이상의 감소 없이 유지되었다. 회기 후, 하늘이의 어머니는 그 전날 하늘이가 먹은 저녁식사를 휴대폰으로 찍어 치료사에

게 보내 주었는데, 옆의 사진은 8회기째 보내 준 음식 사진이다. 하늘이는 스스로 음식의 종류와 양을 선택하여 자신의 전용 식판에 담아 전량을 먹었다고 하였다.

하늘이는 신체 에너지 수준이 향상됨에 따라 학교에서도 활동이 증가하였고, 피구 경기에서 자신이 에이스로 활약하여 기분이 좋았다며 치료사에게 자랑하기도 하는 등 언어적 표현이나 감정에 대한 자기인식이 증가하였다. 이렇게 하늘이의 신체적 · 심리적 건강이 회복되는 상태에서, 하늘이에게 개인 사정이 생겨 두 달 후에 미술치료를 종결하였다.

우울증이 있는 30대 직장인 바다

1. 비대면 미술치료 시작 경위

바다(가명) 님은 우울증 진단을 받은 35세 직장인 여성으로, 치료사와는 4년 동안 미술치료를 함께해 온 분이었다. 코로나 확산으로 인해 2~3개월간 대면 미술치료가 중단된 상황에서, 시범적으로 진행된 비대면 미술치료에 동참 의사를 밝혀 비대면 회기를 시작하게 되었다.

2. 회기 전 사전 안내 및 준비

1) 치료 환경 준비

먼저, 치료사는 내담자에게 디지털 기기의 사용과 온라인 연결이 용이한지, 치료 시간 동안 독립적으로 사용할 공간이 있는지에 대해 확인하였고, 비대면 미술치료를 위한 준비에 대해 다음의 두 가지 사항을 안내하였다.

- 컴퓨터와 휴대폰을 온라인 플랫폼 줌에 연결하기
- 작업 과정을 관찰할 수 있도록 휴대폰을 작업 공간의 상부에 설치하기

2) 매체 준비

비대면 첫 회기가 시작되기 전에 내담자의 자택으로 미술 재료 키트를 보내 주었다. 키트의 내용은 내담자가 소지하고 있는 스케치북과 수채화물감, 크레용, 색연필, 접착제는 제외하고, 이전 회기에서 관찰되었던 내담자의 매체 선호도와 치료사의 치료 계획을 고려하여 캔버스, 아크릴물감, 천사점토, 지점토, 스팽글로 구성하였다.

3) 오리엔테이션 제공 및 동의서 작성

치료 시작 전에 비대면 미술치료에 대한 내담자의 생각, 기대와 우려에 대해 나누었다. 치료에 대한 전반적인 오리엔테이션과 주의 사항 등 필요한 정보를 제공하였고, 비대면 미술치료에 대한 동의서를 받았다.

3. 비대면 미술치료 구조

(1) 물리적 공간

① 내담자: 자택 내 개인 공간(바다 님의 방)

② 미술치료사: 자택 내 개인 공간

(2) 디지털 환경

줌 플랫폼

(3) 디지털 기기

① 내담자: 카메라 내장 노트북, 스마트폰

② 미술치료사: 카메라 내장 노트북

(4) 치료 구조

① 총 회기 수: 3회기

② 회기 시간: 토요일 저녁 5시 / 70분

(5) 미술 매체

① 전통적 매체

• 내담자의 개인 미술 재료: 스케치북, 수채화물감, 크레용, 색
연필, 연필, 접착제

• 치료사가 제공한 미술 재료: 캔버스, 아크릴물감, 천사점토,

지점토, 스팽글

② 디지털 매체: 사용하지 않음

4. 회기 과정

1) 1회기

내담자는 회기 시작 전 미리 디지털 기기와 미술 매체를 준비한 채 대기하고 있다가 치료사가 줌으로 초대하자 바로 입장하였다. 내담자가 사용한 장소는 자택 내 방으로, 치료를 하기에 적합한 조용하고 독립된 공간이었다. 회기 중 내담자가 키우는 반려 동물이 방문 앞에서 우는 소리를 내어 잠시 대화를 중단하고 확인하는 일이 있었으나, 회기에 별로 지장을 주지는 않았다. 오히려 반려 동물의 그러한 행동에 대해 치료사와 이야기하면서 함께 웃고 이완되는 모습이었다. 하지만 내담자는 이 상황에 대해, 치료에 방해가 되었다고 회기 후 인터뷰에서 보고하여 치료사의 생각과는 차이를 보였다. 내담자는 치료사와 화상으로 공유되는 자신의 환경이 회기에 영향을 끼치는 부분과, 그로 인해 주의가 분산되는 것에 대한 우려가 있는 것 같았다.

내담자는 편안한 티셔츠 차림의 단정한 모습이었고 표정은 다소 긴장되어 보였으나, 70분간 진행된 회기 동안 자신의 감정과 생각에 대해 언어와 미술 매체를 이용하여 적극적이고 안정적으로 표현하였다. 또한『어린 왕자』책을 같이 읽으면서 자신의 경험을 떠올리고 작업으로 연결하는 등 회기에 잘 몰입하면서 참여하였는데, 이는 대면 회기에서 자주 관찰되던 내담자의 건강한 모습으로서 비대면에서도 이러한 특성이 별반 다르지 않게 발휘됨을 알 수 있었다.

미술치료사의 Tip

• 화상으로 내담자와 내담자의 작업 과정 관찰하기

비대면 화상 미술치료에서는 내담자가 두 개의 영상 송출 기기를 사용하게 된다. 하나는 내담자와 치료사가 대화를 할 때 서로 상대방의 얼굴을 보기 위한 것으로, 주로 노트북이나 데스크톱을 이용하는 경우가 많다. 또 하나는 내담자의 미술 작업을 관찰하기 위한 것으로, 이때에는 작업 공간의 상부에 위치하게 되므로 크기가 작은 휴대폰이 편리하다. 오늘 내담자는 노트북의 카메라 해상도가 낮아 모니터 화질이 좋지 않다며, 해상도가 높은 휴대폰 기기 하나만 사용하였다. 내담자는 치료사와 대화를 할 때에는 자신의 얼굴 정면이 전송되도록 휴대폰을 앞에 두고 참여하였고, 미술 작업을 할 때에는 작업 공간이 전송되도록 휴대폰의 위치를 작업대 상부로 조정하였다. 이 과정에서 내담자는 휴대폰 위치 변경과 조작이 능숙하여, 치료사와 대화를 나누거나 치료사가 작업 과정을 관찰하는 데에 별 지장이 없었다. 비대면 화상 미술치료에서는 줌 화면에 내담자가 작업하는 모습을 볼 수 있는 정면 뷰와, 작업물을 볼 수 있는 항공 뷰를 동시에 띄우기 위하여 두 개의 디지털 기기를 함께 사용하는 것이 편리하나, 두 개를 사용하지 못하는 상황이라면 내담자의 기기 조작의 숙련도에 따라 하나의 기기만으로도 가능할 것으로 생각된다. 단, 휴대폰만 사용하는 경우 내담자는 상대방 즉 치료사의 얼굴이 작게 보이고 시각적 피로와 집중력 저하가 우려되므로, 가능하면 정면 뷰용 노트북과 항공 뷰용 휴대폰 두 개의 기기를 함께 사용할 것을 추천한다.

• 비대면으로 인해 달라진 상호작용

비대면 미술치료에서는 치료사가 내담자와 상호작용을 할 수 있는 방법이 모니터를 통한 시각적 · 청각적 경로로만 가능하다는 한계가 있다. 예를 들면, 흐느껴 우는 내담자에게 휴지를 건네거나 어깨를 두드려 주는 스킨십 혹은 치료실 공간의 온기나 밝음, 벽에 부딪혀 반사되는 목소리의 공명이 주는 느낌 등은 제공할 수가 없다. 따라서 치료 회기 동안 치료사는 모니터 화면을 통해 보이는 내담자의 표정과 행동에 집중하게 되는데 내담자의 얼굴이나 작업을 보지 못할 때, 이를 테면 내담자가 카메라 앵글에서 벗어나는 경우나 치료사가 내담자의 이야기를 받아 적기 위해 종이로 시선이 옮겨지는 순간에는 내담자와 치료사의 상호작용이 대면에 비해 더욱 제한되는 것 같다. 오늘 회기에서는 내담자가 스스로를 인식하고 마주할 수 있도록 시간을 갖고 기다려 주기보다는 직접적인 코칭을 하는 빈도가 이전에 비해 많았는데, 이는 바로 이러한 상호작용의 제한으로 인한 반작용이 아니었나 하는 생각이 들었다. 특히 오늘은 비대면으로 전환한 첫 회기라, 화상을 통해 교감하는 방식에 대해 치료사와 내담자 모두가 적응이 필요하다는 생각을 하였다.

2) 2회기

오늘 두 번째 비대면 회기에서 내담자는 지난 시간에 비해 좀 더 자연스럽고 편안한 표정으로 입장하여, 화상 이용이 다소 익숙해진 듯 보였다. 정서는 전반적으로 다소 가라앉아 경한 우울 정서

(dysphoric mood), 제한된 정동(restricted affect)이 관찰되었으나, 자신의 생각과 감정에 대해 담담하고 자세하게 이야기하는 모습은 지난 회기와 비슷하였다. 오늘 작업에서 내담자는 자신을 보호해 주는 대상으로 나무를 만들고, '계속 성장하는 나무'라고 이름 지으면서 만족스러워하였다. 내담자는 이전에도 여러 차례 다양한 매체를 사용하여 나무 작업을 한 적이 있어, 치료사의 노트북에 저장되어 있던 이전 작업을 불러와 줌에서 공유하고 함께 감상하면서, 오늘의 작업물에서 변화된 부분과 인상적인 부분을 나누는 시간을 가졌다.

미술치료사의 Tip

• 치료 공간 마련하기

본 내담자는 비대면 미술치료를 시작하기에 앞서 오롯이 자신에게 집중할 수 있는 조용하고 독립된 공간 확보에 대한 우려로, 비대면 치료를 결정하기까지 수 주의 시간이 걸렸다. 비대면 미술치료에서는 대면 치료와 달리 내담자가 직접 치료 공간을 마련해야 한다는 번거로움이 있다. 공간이란 늘 그 자체가 주는 느낌, 이를 테면 편안함, 긴장됨, 고요함, 활기참 등 그곳만의 고유의 느낌을 갖고 있다. 치료실은 조명이나 벽, 바닥, 책상 등의 물리적 환경이 편안하면서도 중립적인 느낌을 줄 수 있도록 조성되어야 하므로, 내담자에게 적절한 치료 장소의 확보는 비대면 미술치료에 있어 또 다른 과제로 다가온다.

비대면 미술치료에서는 내담자가 이용하게 될 물리적 공간에 대해 어떤 감정과 생각을 갖고 있는가를 점검하는 것이 필요하다. 만약 자택일 경우, 그 집의 분위기와 가족 구성원 간의 역동은 직접적 혹은 간접적으로 내담자의 작업과 회기에 영향을 미칠 것이다. 따라서 내담자가 치료 공간으로 선택한 장소는 내담자에게 어떤 의미가 있는지, 어떤 느낌을 갖고 있는지, 그 장소를 함께 사용하는 대상이 있다면 내담자가 비대면 미술치료를 하는 것을 알고 있는지, 어떻게 생각할 것 같은지 등을 점검하는 것이 필요할 수 있다. 혹시 치료 장소로 내담자의 집안이 적당하지 않다면, 예를 들어 내담자가 가정 폭력에 노출되어 있다면 치료 공간을 어떻게 해야 할 것인가, 치료사는 치료 공간 마련에 어디까지 개입해야 하는 것인가 등 치료에 기본 구조인 장소의 준비는 비대면 미술치료에서 매우 고민이 되는 부분이다.

• 회기 중 이전 작업물 공유하기
오늘 회기에서 가장 인상적이었던 부분은 내담자가 미술 작업을 한 후 치료사와 공유를 할 때, 내담자의 지난 작업물을 불러와서 함께 감상한 부분이었다. 미술치료는 내담자의 작업물이 그림 혹은 입체물의 형태로 남고, 추후에 그것이 내담자의 심리적 안정을 위한 또 하나의 매개체로 사용될 수 있다는 점에서 다른 심리치료와 구별되는 큰 장점을 갖고 있다. 오늘 회기에서는 바로 이 부분이 치료 과정 중 자연스럽게 활용되었다. 내담자가 미술 작업을 한 후 치료사와 오늘의 결과물을 나눌 때, 내담자 스스로 자신의 변화와 성장에 대해 직접 보고 확신을 가질 수 있도록, 치료사의 컴퓨터에 사진 파일로 저장된 내담자의 이전 작업물들을 불러와 공유하였다. 내담자는 이 과정을 통해 이전과 달라진 현재의 자신을 시각적인 이미지로 확인하면서, 지금 여기에 좀 더 집중할 수 있었다. 내담자와 치료사가 직접적으로 마주하지 않고 모니터를 통해 만난다는 것은 소통에 제한을 주기도 하지만, 그 화면을 또 하나의 작업 창으로 쓸 수 있다는 점은 대면 미술치료와 구별되는 비대면 미술치료의 장점으로 생각된다.

3) 3회기

이번 3회기는 내담자의 근무 일정이 변경되는 바람에 기존에 잡았던 회기 시간을 조정하여 진행하였다. 비대면 미술치료는 대면 회기에 비해 이동 시간이 절약되고 자택에서도 접속이 가능하기 때문에, 회기 일정 조정이 용이한 장점이 있었다. 내담자는 변경된 시간에 정시에 입장하였고, 회사에서 새로 시작한 업무로 인해 다소 바쁜 나날을 보내고 있지만 그다지 힘들지는 않다고 하였다. 오늘 내담자는 이전의 두 회기에서와 마찬가지로 치료사와의 대화와 미술 작업에 잘 집중하고 자신에 대해 안정적으로 개방하는 모습이었다. 정서는 경한 우울(dysphoric mood)과 광범위한 정동(broad affect)이 관찰되었다.

미술치료사의 Tip

• 내담자에게 작업물을 사진으로 찍고 전송해 줄 것을 요청하기

대면 치료에서는 치료사가 직접 내담자의 작업물을 촬영할 수 있으나, 비대면 미술치료에서는 내담자에게 그날의 작업물을 사진으로 찍고 치료사에게 전송해 줄 것을 요청해야 한다. 이것은 그다지 어려운 기술이나 많은 시간을 요하는 일은 아니나, 내담자가 대면 회기에서는 하지 않을 일을 부탁하게 되는 것이므로 치료사에게도 내담자에게도 부담스러울 수 있다. 하지만 비대면 미술치료의 형태는 치료사와 내담자의 편의에 의한 선택이며, 작업물 사진 촬영은 화상이라는 제한된 환경에서 내담자의 심리를 체크하고 양질의 치료를 제공하기 위한 목적이 있음을

분명히 할 필요가 있다. 만약 작업물 촬영이 익숙하지 않은 내담자라면, 무엇을 어떻게 찍는지에 대해 좀 더 구체적으로 가이드하도록 한다. 예를 들어, 평면 작업의 경우 전체 화지를 찍을 것 혹은 필요시 작업물을 세워서 찍을 것 등을, 입체 작업의 경우 가로, 세로, 높이를 확인하기 위해 가능하다면 작업물 옆에 자(ruler)를 두고 찍을 것 등을 요청하는 것이 좋겠다. 만약 입체 작업을 자주 하게 된다면, 촬영에 필요한 자를 미술 재료 키트에 함께 보낼 것을 제안한다.

5. 회기 후 인터뷰[1]

1) 장소와 시간

- 치료 장소는 어디인가요?

  "집. 본인 방."

- 치료 공간 마련에 어려움은 없었나요?

  "없었습니다."

- 회기 중 공간 관련 어려움은 없었나요?

  "집이다 보니 가족 구성원에게 상담 내용이 노출될까 불안했고, 본인의 반려동물이 통제되지 않는 행동을 해서 상담에 방해가 되는 점이 있었습니다."

- 대면 미술치료와 비대면 미술치료는 장소와 시간 활용에 있어 어떤 차이가 있었나요?

---

1) 인터뷰 질문은 [부록 5] 참조.

"대면 치료 공간은 상담에 집중이 되고 심리적으로도 안정되는 부분이 있었지만, 비대면은 그런 부분이 약화되어 아쉬움이 있었습니다. 시간 활용에서는 비대면 치료가 상담 시간의 결정이나 변경 시 유연하여 좋았습니다."

2) 온라인 시스템의 사용

• 줌 설치 등 온라인 시스템 사전 준비는 어떠셨나요?

"설치하는 것이나 사용법을 익히는 것 등 준비에는 어려움이 없었습니다."

• 줌 온라인 플랫폼 사용에 어려움은 없었나요?

"줌 사용은 처음이라 낯설었습니다. 어려움으로는, 온라인 특성상 발생하는 돌발적인 오류에 대처해야 한다는 것이 있었습니다. 또 실제 말하는 시간과 상대에게 말이 들리는 것에 약간의 시간차가 있다는 것, 마이크 위치나 기타의 이유로 발생하는 오디오 잡음과 끊김 때문에 조금 불편함이 있었습니다."

• 이런 불편감은 회기가 지남에 따라 차이가 있었나요?

"회기와 무관하게 그때 상황에 따라 발생하는 어려움이었기 때문에, 회기가 지나도 큰 차이가 없었습니다."

3) 디지털 기기 사용(컴퓨터, 휴대폰 및 거치대)

• 디지털 기기의 사전 준비에 어려움은 없으셨나요?

"거치대 대신 집에 있는 가구를 활용하였는데, 그 때문에 적절한 카메라 위치를 찾느라 시간이 들었습니다. 또 컴퓨터 화상 카메라 화질이 좋지 않아 핸드폰 카메라로 교체하는 과정에서도 시간이 조금 소요되었습니다. 첫 회기 때는 사전 준비에 30분 정도 걸렸는데, 그 뒤에는 10분 내외로 마칠 수 있었습니다."

- 디지털 기기를 활용한 비대면 미술치료의 경험은 어떠하였나요?

  "디지털 기기 자체의 사용은 어렵지 않았으며, 특별한 불편함은 없었습니다."

4) 미술 매체 사용(종이, 파스텔, 물감, 꾸미기 재료 등 전통적 매체)

- 치료가 시작되기 전 미술 매체를 준비하는 것은 어떠셨나요?

  "상담자에게 미술 매체를 지원받았고, 사전에 구비된 것들이 있어 준비에 어려움이 없었습니다."

- 그동안 치료 시간 동안 더 사용하고 싶은 매체가 있었나요?

  "점토 작업의 뼈대로 사용할 수 있는 철사나 자투리 천, 목재 조각 등의 공예 매체입니다."

- 사용 전 미술 매체는 보관하기 어떠셨나요?

  "어려움이 없었습니다."

5) 작업물 보관

- 회기 시간에 작업한 작업물은 어디에 보관하셨나요?

  "본인의 책상 공간에 보관하였습니다."

- 작업물을 미술치료실이 아닌 본인의 생활공간에 두는 것이 불편하거나 신경 쓰이지 않으신가요?

  "3회기 때 회화 작업을 하였는데, 물감을 말리고자 내놓았다가 가족 구성원이 보게 되어 당황스러웠습니다. 이런 점에서 생활공간에 두는 것은 다소 신경 쓰였습니다."

- 만약 가능하다면 작업물을 미술치료실로 옮겨 두고 싶으신가요, 아니면 현재 위치 그대로 두기를 원하시나요? 아니면 상관이 없으신가요? 그 이유는 무엇인가요?

  "긴 시간 치료를 하였지만, 작업물을 본인이 따로 기록해 두지 않아 기억이 많이 없습니다. 작업물을 다시 보고 싶을 때도 그러지 못해 늘 아쉬웠습니다. 그래서 신경 쓰이는 일들이 있어도 현재 위치에 두고 싶습니다."

- 비대면 미술치료에 대해 어떻게 생각하시나요? 치료 전과 후에 생각의 변화가 있으신가요?

  "처음에는 미술치료를 할 수 있는 마땅한 공간이 없고, 상담자와의 친밀감이 약화되거나 소통에 어려움이 있을 것으로 생각했습니다. 그래서 비대면 미술치료에 거부감이 있었습니다. 3회기를 마치고 보니, 제가 예상했던 어려움(공간과 소통의 불편함)들이 실제로 발생하여 비대면 미술치료에 대한 생각이 크게 달라지지는 않았습니다. 하지만 작업 과정에서 상담자의 시선이 의식되지 않아 좀 더 자신의 욕구에 집중하고, 자유롭게 작업할 수 있었다는 점은 긍정적이었습니다."

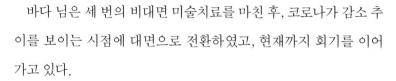

바다 님의 비대면 회기, 그 후

    바다 님은 세 번의 비대면 미술치료를 마친 후, 코로나가 감소 추이를 보이는 시점에 대면으로 전환하였고, 현재까지 회기를 이어가고 있다.

    바다 님은 비대면 미술치료 경험에 대해, 치료 장소와 미술 매체, 디지털 기기 등 회기 준비에는 큰 불편이 없었지만, 치료 공간에 대한 안정감이나 치료사와의 소통에 어려움이 있었다며 대면 회기를 선호하는 모습이었다. 바다 님은 70분의 회기 동안 몰입도가 매우 높고 심리적 에너지를 많이 쓰는 분으로, 미술치료 후 집으로 가는 동안 회기를 정리하고 마음을 환기하는 시간을 갖는다고 하여 일상생활 공간과 치료 공간을 분리하는 것이 필요하다고 보여, 추후 회기는 대면으로 진행하고 있다.

대인 관계에 어려움이 있는 가을

1. 비대면 미술치료 구조

(1) 물리적 공간
① 내담자: 자택 내 개인 공간(가을 님의 방)
② 미술치료사: 자택 내 개인 공간

(2) 디지털 환경
줌 플랫폼

(3) 디지털 기기
① 내담자: 카메라 내장 노트북, 스마트폰, 항공 뷰 휴대폰 거치대,
   태블릿 PC, 터치펜
② 미술치료사: 카메라 내장 노트북, 태블릿 PC, 터치펜

(4) 치료 구조
① 총 회기 수: 6회기
② 회기 시간: 퇴근 후 7시 / 60분

(5) 매체

① 전통적 미술 매체

- 내담자의 개인 미술 재료: 8절 도화지, A4 용지, 연필, 지우개, 색연필, 파스넷, 파스텔, 붓, 천사점토
- 미술치료사가 제공한 미술 재료: 여러 색의 펠트지, 색종이, 양면테이프, 12cm 원형 도화지 20개, 12색 아크릴물감, 12색 유성매직, 목공용 풀, OHP 필름, 폼폼, 플레이 콘, 조약돌, 스팽글, 비즈 구슬, 구슬 스티커, 비즈 스티커

② 디지털 미술 매체(APP): 오토데스크 스케치북

비대면 미술치료로 만난 가을(가명) 님은 30대 초반의 직장인 여성이다. 치료사는 가을 님과의 개인 미술치료 회기 시작 전에 비대면 미술치료에 대한 간단한 오리엔테이션과 앞으로의 회기 계획을 함께 논의하고자 전화 면담을 하였다.

전화 면담에서 앞으로 줌을 활용한 비대면 미술치료로 진행될 상황과 가을 님의 개인 정보, 주호소 문제, 치료 목표, 과거 상담 경험 여부, 약물 복용 여부 등에 관한 이야기를 나누었다. 또한 비대면 미술치료의 특성과 장점, 한계, 발생 가능한 어려움 등에 대해 설명하였으며, 앞으로 비대면 미술치료 과정에서의 연락 방식에 대해 협의하여 결정하였다. 치료사는 가을 님과의 면담이 마무리되었을 때 비대면 미술치료 동의서([부록 1] 참조)와 미술 재료 체크리스트([부록 3] 참조) 양식을 가을 님의 이메일로 송부하였다.

치료사가 비대면 미술치료를 준비하며 기존 대면 미술치료와 다

르게 느낀 부분 중 하나는 미술 재료를 준비하는 것이었다.

이전에 대면으로 미술치료를 진행할 때는 이미 미술치료실에 내담자의 미술 작업에 필요한 재료들이 모두 세팅되어 있었다. 반면, 비대면 미술치료는 내담자가 개인적인 공간에서 치료자와 분리되어 온라인으로 만나는 환경으로, 모든 미술 재료를 완벽히 제공하는 것은 어려움이 있기 때문에 내담자에게 어떤 재료를 제공하는 것이 좋을지를 고민하는 시간이 깊어졌다.

비대면 미술치료에서는 대면 미술치료에 비하여 미술 재료의 다양성이 제한될 수 있기 때문에, 사전에 가을 님이 가지고 있는 미술 재료에는 어떠한 것들이 있는지를 확인하는 것이 필요했다. 가을 님이 보내 준 미술 재료 체크리스트와 사전 면담 내용을 바탕으로 가을 님에게 어떤 재료를 제공하는 것이 좋을지 생각해 보았다. 치

[그림 1] 가을 님에게 제공한 미술 재료 키트

료사는 그동안의 미술치료 회기에서는 내담자가 원하는 주제와 재료를 자유로이 선택하여 작업할 수 있도록 하기도 하고, 내담자와 함께 다음 회기에서 다루고자 하는 내용을 결정하는 편이었다. 그래서였을까. 가을 님에게 미리 미술 재료 키트를 만들어 발송한다는 것에 대한 치료사로서의 부담감과 저항감이 생기는 것을 인식하기도 하였다.

미술 재료 키트를 준비하는 과정은 평소 미술치료를 할 때와는 다르고도 더 많은 에너지가 필요하였다. 비대면 미술치료 회기가 시작되기 전에 미술 재료를 미리 소분하여 포장하는 데에 시간과 에너지가 소요되었다. 그리고 키트를 제작하고 발송할 때에 어떤 구성과 모양새로 발송할까에 대한 부분도 새로이 고민하게 되는 부분이었다. 가을 님이 미술 재료 키트를 받아 보고 조금이라도 기분이 좋아지고, 낯설지만 설레는 마음으로 기꺼이 작업하고 싶은 욕구가 생기길 바랐다.

'박스에 재료들을 담아 보내는 것이 좋을까? 혹은 쇼핑백에 담아 보내는 것이 좋을까? 아니면 선물상자 같은 것에 재료를 담아 보내는 게 좋을까?'

키트를 만들어 내담자에게 보내는 것 하나에도 여러 다양한 안들이 있었고, 그중에 최선의 선택을 하는 것이 필요했다. 준비한 미술 재료들을 박스에 담으려 찾아보니 미술 재료가 들어갈 만한 적당한 박스가 없었고, 원하는 박스 사이즈를 인터넷으로 주문하려면 구매 단위가 100개 단위였다. 치료사는 결국 큰 사이즈의 쇼핑백에 미술 재료들을 담아 마치 선물처럼 제공하는 방식을 선택하였다. 쇼핑백을 선택할 때도 내담자에게 호불호가 없도록 여러 다양한 패턴이나 색이 섞여 있는 것보다는 디자인이 무난한 단색을 선택하였다. 쇼핑백 색을 선택하는 데에도 어둡고 짙은 색보다는 밝은 색을 선택하는 등 내담자가 받게 될 시각적인 자극도 고려하였다. 치료사는 회기를 시작하는 당시에 겨울의 추운 날씨였기 때문에 따뜻하고 포근한 느낌이 전달될 수 있는 난색의 노란색을 선택하였으며, 노란색이 가진 빛, 의식적 성장, 개성화와 깨달음이라는 상징적인 의미도 함께 내포되어 있었다.

미술치료사의 Tip

• 내담자를 고려한 미술 재료 키트 제공

내담자가 선호하는 재료, 선호하지 않는 재료에 대한 정보를 확인한 후에 미술 재료 키트를 제작하는 데 활용하는 것이 필요하다. 예를 들어, 내담자가 찰흙이나 파스텔 등 손에 묻는 재료를 사용하는 것을 불편해하는 경우에는 내담자를 자극하지 않을 재료를 우선적으로 제공하고 이후 점차적으로 감각적 재료를 제공해 보는 것을 시도해 보는 것이 좋다. 내담자가 선호하는 재료는 개인의 심리·정서적 상태를 상징적으로 나타내기 때문에 미술치료사는 내담자의 상태 및 상황에 따라 재료를 유연하고도 적절하게 제공할 수 있어야 한다.

• 미술 재료 키트 발송

미술 재료 키트를 제작하여 발송하는 경우에는 처음에 모든 재료를 일

괄적으로 보내는 것보다는 내담자의 특성에 따라 선택적으로 구성하여 제공한 후, 회기가 진행되는 과정에서 치료적 개입을 위한 목적과 내담자의 요구가 반영된 재료를 추가로 발송하는 것을 고려해 볼 수 있다.

• 미술 재료 키트의 구성
미술치료실에 준비된 다양한 미술 재료를 보고 미술 작업을 해 보고 싶은 마음이 들고 미술 재료에 손길이 저절로 닿아지듯이, 미술 재료 키트를 받았을 때도 설렘과 기대감, 작업을 하고 싶은 욕구가 생길 수 있도록 잘 포장된 상태로 발송하는 것이 좋다. 미술치료사가 제공한 미술 재료 키트는 미술치료사와 비대면 미술치료에 대한 첫인상과도 같다. '어떻게 재료를 포장하여 제공하면 내담자가 미술 작업을 하고 싶어질까?' 하는 질문을 미술치료사 스스로 던져 보며 섬세하게 준비하는 과정이 필요하다.

2. 회기 과정

1) 1회기

• 주제: 지금 나는 어떠한가
  DAPR: 빗속 사람 그리기 검사
  PPAT: 사과나무에서 사과 따는 사람 그리기 검사
• 미술 재료: 8절지, A4 용지, 12색 마커, 연필, 지우개, 태블릿 PC, 터치펜

치료사는 가을 님과의 첫 회기를 시작하기 전에 업무용 휴대전화로 줌 접속 링크를 공유하였다. 첫 회기에서 링크 접속이 원활하게 이루어지지 않아 상황에 대한 안내와 양해를 구하기 위해 문자를 통해 연락을 취하였다.

화면으로 바라본 가을 님은 단정한 외모에 안경을 끼고 약간은 긴장한 듯한 얼굴 표정을 하고 있었다. 대면 미술치료에서는 내담자가 걸어 들어오는 모습을 통해서도 첫인상을 포함한 다양한 정보를 수집할 수 있지만, 화면으로 처음 보게 된 가을 님은 모니터 프레임에 담긴 상체 부분만 볼 수 있었다.

가을 님은 대학교 재학 당시 1년여간 언어 상담을 받은 경험이 있었다. 자신의 가족 관계 및 과거 힘들었던 경험에 대해 이야기하는 와중에 감정적으로 울컥하는 모습이 화면을 통해 관찰되었다. 눈물을 흘리지는 않았으나 호흡이 다소 가빠지고 목소리도 떨리는 등 불안정한 모습이었다. 가을 님은 과거의 이야기를 지금 여기에서 이야기하는 와중에도 여전히 과거의 경험들로부터 영향을 받아 흔들리고 있음을 화면으로도 확인할 수 있었다. 이때 치료사는 가을 님에게 지금 현재 상태를 함께 점검해 볼 것을 제안하였다. 화면에서도 드러났던 신체적 긴장과 불안을 함께 살펴보고, 호흡을 정리하고 신체의 감각을 살펴보며 안정을 되찾을 수 있도록 하였다.

가을 님은 회기 시작 전에 받은 미술 재료 키트에 대한 만족감을 드러내며, 자신이 문구류와 미술 재료를 좋아한다고 이야기하면서 어릴 적 마음껏 사용해 보지 못했던 과거의 경험을 떠올리기도 했다.

치료사는 전통적 미술 매체로 그림 검사를 실시하고 난 후에 태블릿 PC의 앱으로 디지털 매체를 사용한 그림 검사를 실시하였다. 그림 검사의 순서는 전통적 미술 매체 DAPR([그림 4] 참조) → 전통적 미술 매체 PPAT([그림 6] 참조) → 디지털 미술 매체 DAPR([그림 8] 참조) → 디지털 미술 매체 PPAT([그림 10] 참조)로 진행했다.

전통적 미술 매체를 사용한 그림 검사의 경우, 내담자에게 필요한 미술 재료를 하나씩 안내하는 방식으로 작업이 시작되었으며 대면 회기와는 큰 차이가 없이 진행되었다. 반면, 디지털 기기를 활용한 그림 검사를 실시할 때는 사용 가능한 앱의 기능을 설명하고 도구의 설정 및 화지의 크기 설정도 조정하는 과정이 추가되었다. 가을 님은 드로잉 앱을 사용하는 것이 낯설고 조작에 익숙하지 않아 검사 수행에 어려움을 호소하기도 하였다. 그래서 치료사는 화면을 통해 직접 디지털 기기를 사용하는 방법을 시연해 보였다. 그제서야 비로소 가을 님은 사용 방법을 빠르게 이해하고 자신이 원하는 대로 기기의 조작을 원활하게 하는 모습이었다.

회기에서 사용한 앱이 그림 검사만을 위해서 만들어진 앱이 아닌 만큼, 검사에 필요한 기능 외에도 선택할 수 있는 기능이 다양해서 가을 님이 제한된 기능 외에도 다양한 선의 질과 색을 무의식적으로 선택하게 되는 상황들이 발생하기도 했다.

가을 님이 미술 작업을 다 마치고 난 후에는 이미지에 대해 이야기를 나누기 위해 완성된 작품을 사진으로 찍고 공유하는 데 시간이 소요되었다. 가을 님과 사전에 이미지를 공유하는 방식을 논의할 때는 두 사람만 사용하는 비공개 인터넷 카페를 개설하여 이미지를 공유하기로 결정하였으나, 실제 회기를 진행하다 보니 오히려 가을 님이 자신이 촬영한 작품 사진을 이메일로 송부하는 방식이 편할 것 같다고 하여 기존 계획된 공유 방식을 변경하였다.

우리는 첫 회기를 마무리하기 전에 다음 회기에 사용할 재료를 미리 확인하고, 태블릿 PC 드로잉 앱에 있는 다양한 미술 표현 기법을 연습해 보고 만나기로 하였다. 그리고 다음 회기 시작 전에 다음 회기 일시, 필요한 재료, 줌 접속 링크를 문자로 안내할 계획을 이야기하고 마무리하였다.

가을 님의 비대면 미술치료 1회기 경험

"미술치료가 시작되기 전에 가지고 있던 미술 재료도 있었고, 없는 재료를 미술 재료 키트로 보내 주셔서 감사했습니다. 키트를 받았을 때는 어렸을 때 문구용품을 선물받았던 것 같은 기분이 들었고, 정성스럽게 일일이 챙겨 주셔서 너무나 감사했습니다."

"저는 집에서 회기에 참여를 하여 장소를 마련하는 데에는 어려움이 없었습니다. 시간은 첫 회기라서 기기 사용 방법 등 시간이 조금 길게 소요되었던 부분이 다소 길게 느껴지긴 했지만 괜찮았습니다. 대면으로 미술치료를 받아본 적은 없지만, 기기 부분에 있어서 아무래도 직접 그리고 있는 모습을 보여 드려야 해서 비대면 미술치료가 더 어려움이 있을 것 같다는 생각이 듭니다.

"줌을 설치하는 것은 어렵지 않았고, 가입하지 않고 제공된 링크로만 들어가도 참여할 수 있어서 편했습니다. 그러나 회기에 참여할 때 동시에 여러 기기로 줌에 접속해야 해서 처음에는 서툴기도 했는데, 앞으로 적응하면 괜찮아질 듯합니다. 이번 회기에 휴대폰으로 작업하는 모습을 비출 수 있는 항공 뷰 설치를 못했는데, 어디에 설치를 해야 할지 모르겠습니다."

"디지털 매체를 사용할 때는 전자펜의 필압에 따라 화면에서는 다른 느낌이 들지만, 태블릿 PC에 그릴 때는 그런 부분을 느끼기 어려운 부분이 있었습니다. 태블릿 PC에 종이필름이 붙어 있어 부드럽게 터치되지 않아서 그럴 수도 있을 것 같습니다."

"전통 매체는 내가 직접 미술 재료의 촉감이나 재질도 느끼고 곧바로 접근할 수 있어 좋았지만, 한편으로는 작업할 공간을 확보하고 작업 이후에 정리 정돈을 해야 하는 부분이 불편하게 느껴지기도 합니다. 반면, 디지털 매체는 언제 어디서나 태블릿 PC 하나만 있으면 미술 작업을 할 수 있다는 장점이 느껴졌습니다. 사용법을 익히거나 미술 재료 본연의 느낌을 경험할 수 없어서 아쉬웠습니다. 태블릿 PC 화면에서는 다른 매체로 보이지만 터치펜을 사용하여 수채화물감 기능을 활용할 때나 색연필 기능을 활용할 때나 화면에 닿는 느낌은 동일해서 더 아쉬운 마음이 들기도 합니다."

"첫 회기를 비대면으로 경험하다 보니 보완해야 할 부분이나 고려해야 할 부분 몇 가지가 있는데, 만약 치료실로 찾아가는 거였다면 장소에 가는 시간이 걸리지만 환기가 있었을 것 같고, 온라인상으로는 이동 부분에 있어서 시간이 단축되지만 제 개인적인 공간이다 보니 환기되는 느낌이 없었고, 긴장하게 되는 부분은 똑같을 것 같습니다."

"이번 1회기를 참여하면서 더 사용하고 싶은 미술 재료는 딱히 없었지만, 만약에 물감을 사용한다면 팔레트나 물통을 두기 위해서 책상 공간을 확보해야 하는 부분들이 생겨서 마음먹고 해야 할 듯합니다. 그리고 저는 회기에서 작업한 미술 결과물을 보관할 수 있는 개인 보관함이 있어서 가능하지만, 다른 사람의 경우에는 보관할 수 있는 장소를 따로 마련해야 할 것 같습니다. 만약에 점토를 이용하게 되면 어디에 보관해야 할지 고민이 될 것 같긴 합니다."

미술치료사의 Tip

• 회기 전 준비 재료 및 일정 안내
내담자에게 첫 회기가 시작되기 전에 비대면 미술치료 회기에 필요한 재료를 구체적으로 기재한 안내서를 제공하였음에도 회기 당일 내담자가 일부 재료를 미처 준비하지 못하기도 하였다. 회기 시작 하루 전날 정도에 미술치료사가 필요한 재료에 대해 재안내하는 문자 혹은 이메일을 발송하는 것도 도움이 될 것으로 보인다.

• 회기 시작 전 점검 및 안정화(grounding) 작업의 중요성
비대면 미술치료에서 미술치료사는 개인 공간에서 참여하였다. 그러다 보니 미술치료 회기 전·후로 미술치료사로서 회기에 대한 정리와 치료자로서의 자세를 준비를 하는 시간을 의식적으로 확보하는 것이 중요하게 느껴졌다.

대면 회기에서는 회기에 가기 위해 이동하는 시간이나 다음 회기 사이에 비는 시간이 있어 내담자의 이전 회기 자료를 검토하고 치료자 자신의 상태를 점검하고 준비할 수 있었으나, 개인적 공간에서는 별도의 준비 시간을 의식적으로 갖지 않는다면 미술치료사가 온전히 미술치료 회기에 몰입하는 것이 어려울 수 있음을 알게 되었다.

비대면 미술치료를 개인 공간에서 참여하는 경우에는 링크를 클릭하는 순간 일상의 공간에서 미술치료 공간으로 갑작스레 전환되는 경험을 하게 된다. 때문에 미술치료사는 회기 시작 전에 자신이 안정화되어 있는지 점검하는 것이 중요하며, 이는 내담자에게도 마찬가지이다. 미술치료사는 회기 시작 후 곧바로 미술 작업으로 들어가는 것이 아니라, 오늘 자신의 컨디션 상태나 여기 들어오기 전에 동일한 공간에서 무엇을 어떻게 경험하고 있었는지 질문하는 방식을 취하기도 하고, 지금 주변 공간에서 안정감을 느끼는 부분이 있는지를 질문함으로써 내담자가 지금 여기에 집중할 수 있는 치료적 환경과 분위기를 만드는 것이 우선되어야 한다.

2) 2회기

- 주제: 나의 가족
- 미술 재료: 노트북, 태블릿 PC, 터치펜, 항공 뷰 휴대폰 거치대, 오토데스크 스케치북 APP, 픽사베이 웹사이트

치료사는 회기가 시작되고 가을 님이 미술치료 회기에 집중할

수 있는 상태인지를 점검하고자, 간단히 날씨에 대한 이야기를 시작으로 눈이 많이 내리는 날씨에 퇴근길이 힘들지는 않았는지, 퇴근 후에 식사를 하였는지 등을 가볍게 질문하였다. 그리고 지난 첫 회기에서 이야기를 나누고 작업해 본 것에 대한 경험과 혹시라도 회기 이후 불편한 감정이나 생각이 올라오는 것은 없었는지 질문하였다.

가을 님은 자신이 그림을 그리는 과정과 그 작품을 바라보면서 자신에 대해 새로운 인식을 하게 되었다고 이야기하며 자신의 새로운 발견을 공유해 주었다.

가을 님은 지난 회기 이후 휴대폰 거치대를 구매하였다. 그러나 아직 휴대폰 거치대를 활용하여 카메라를 설치하는 방식을 낯설어하였다. 그래서 치료사는 휴대폰의 화면에 태블릿 PC 화면 전체가 가득 채워져 나오도록 설치 방식을 안내하고, 가을 님은 안내에 따라 기기를 조작하였다.

2회기의 주제는 가족 구성원들을 각각 떠올릴 때 생각나는 이미지를 색, 선, 형태로 표현할 수 있도록 제안하였다. 그리고 작업이 마무리되어 가는 시점에 자신이 원하고 바라는 이상적인 가족의 모습을 색, 선, 형태로 추가하여 자신의 생각이나 감정들을 다시 한번 확장하고 수정하여 이미지 안에 표현할 수 있도록 하였다.

치료사는 회기를 계획할 당시만 해도 '요즘의 나'를 주제로 한 콜라주 작업을 계획하였으나, 1회기에 가을 님과 미술치료 회기에서 만나 이야기를 나누고 나니 넓은 의미에서의 대인 관계의 어려움보다는 좀 더 대인 관계의 범위를 좁혀서 근원적인 어려움이라 여겨지는 가족과의 갈등에 초점을 맞추는 것이 적절할 것이라고 판단되었다. 그래서 동일한 재료와 작업 방식을 활용하되, 주제를 변경하여 가을 님에게 제안하게 되었다.

가을 님은 치료사가 안내한 무료로 이미지 활용이 가능한 웹사이트인 픽사베이에서 자신의 작업에 필요한 이미지를 진지하게 살펴보았다. 가을 님이 어떤 키워드로 이미지를 검색하는지는 화면을 통해 살펴볼 수 없었지만, 자신이 원하는 이미지가 나오지 않을 때는 검색 단어들을 바꾸어 가며 자신에게 필요로 하는 이미지를 적극적으로 찾아가는 모습이 관찰되었다. 가을 님은 자신이 선택한 이미지를 자신의 태블릿 PC에 저장하거나, 곧바로 앱에 불러와 자신이 원하는 크기로 늘리거나 작게 만들기도 하는 등 형태를 조정해 나갔다. 자신이 원하는 작업 결과물이 나올 수 있도록 여러 번 수정하고 삭제하기도 하는 과정이 이전 1회기에 기기를 조작할 때보다 수월하고 편안해 보였다.

가을 님이 미술 작업을 완료하고 치료사에게 작업한 결과물을 공유하는 과정에서 작업한 이미지 파일이 저장되지 않고 날아가 버리는 상황이 발생하였다. 이때 치료사와 내담자는 둘 다 놀람과 당황스러운 감정을 경험하였고, 내담자는 좌절을 하다 이내 저장된 기존의 이미지들이 있어 금방 다시 똑같이 작업하는 것은 어렵지 않을 것 같다고 이야기하며, 기존에 작업한 이미지와 동일한 이미지를 만들어 내고자 다시 작업을 시작하였다. 완성한 이미지가 혹시 다시 저장이 안 될 수 있어 이번에는 태블릿 PC의 화면을 캡처하여 이미지를 따로 저장하고, 다시금 작업 결과물을 파일로 저장하는 과정을 거쳤다.

가을 님은 태블릿 PC에서 이메일로 파일을 첨부하여 치료사에게 보내는 방식을 선택하였다. 그 과정에서 "잠깐만요~ 이런 거에 시간이 엄청 오래 걸려요!"라며 치료사에게 이미지를 공유하는 과정에서 경험하는 번거로움에 불편해하는 인상이 그녀의 어조와 어투에서 전해졌다. 이미지를 공유하는 데에만 3~5분의 시간이 소요되어 침묵이 흘렀고, 그 과정에서 치료사가 도와줄 수 있는 방법이 별달리 없어 미안한 마음이 들었고, 그 침묵의 시간을 견뎌 내는 것이 무겁게 느껴졌다.

가을 님은 '나의 가족'이라는 제목을 자신의 작업에 붙여 주었다. 가을 님은 작업한 이미지와 연결된 과거 자신의 경험과 감정들을 설명하는 과정에서 감정이 울컥 올라와 눈물을 흘리기도 하였다. 비대면 미술치료 회기였음에도 불구하고 내담자가 자신의 감정을 솔직하게 표현하고, 치료사는 그 감정에 함께 머물러 주며 그 순간 서로 감정이 맞닿는 신기한 경험을 하였다. 비대면 미술치료로 이루어지는 회기임에도 그 감정이 고스란히 전해져 치료사도 함께 울컥하는 마음의 울림을 느꼈다.

미술치료 회기를 마칠 즈음 치료사는 가을 님이 그 공간에 혼자 고스란히 남아 감내해야 할 무거운 공기에 마음이 쓰였다. 가을 님이 자신의 감정을 누군가에게 이야기하고 눈물을 쏟고 난 후 공허한 마음으로 줌에서 로그아웃한 이후에 마치 덩그러니 다시금 혼자 있는 듯한 느낌을 회기에서도 재경험하지 않기를 바랐다. 그래서 치료사는 미술치료사로서 우려되는 마음을 솔직하게 전달하고,

가을 님에게 회기를 마친 후에 무거운 대화의 주제와 불편감을 환기할 수 있도록 창문을 열거나 자신이 좋아하는 향수를 공간에 뿌려 볼 것을 제안하며 회기를 마무리하였다.

가을 님의 비대면 미술치료 2회기 경험

"2회기에는 치료 시간이 적당했습니다. 눈이 엄청 많이 내리는 날이라서 대면 미술치료였다면 직접 이동해야 해 이런 날씨에는 비대면 미술치료라 더 편했을 수 있겠다는 생각이 들었습니다. 다만, 비대면 미술치료에서는 미세한 감정 부분이나 비언어적인 부분을 미술치료사가 금방 캐치하기 어려운 부분이 있고, 제 얼굴만 볼 수 있고 다른 신체의 부분은 볼 수 없어서 아쉽다는 생각이 들기도 했습니다."

"여전히 태블릿 PC를 사용하여 미술 작업을 하는 것은 서툴러서 중간에 미술치료사에게 도움을 받고 배워야 하는 부분이 있었습니다. 그래서 잘 모르는 부분을 상담 시간 내에 배우는 것에 대해서도 고려해야 하지 않을까 생각합니다."

"콜라주 작업을 하는 과정에서 내가 원하는 이미지를 웹사이트에서 찾는 게 좋다가도 너무 광범위하여 막막하기도 했습니다. 실제 잡지 같은 경우에는 해당 책 안에서 선택하는 것이라 자율성이 웹사이트에서 찾는 것보다 떨어지는 것 같기도 하지만, 사진의 양이 정해져 있어서 저에게는 조금 더 안정감을 줬을 수 있겠다는 생각이 듭니다."

"2회기를 경험해 보니 줌으로도 충분히 미술치료사와 대화를 나누고 교류할 수 있어 비대면으로도 상담을 받을 수 있다는 생각이 들었습니다."

미술치료사의 Tip

• 내담자의 상태를 살피는 미술치료사의 섬세함

대면 회기에서는 내담자가 감정적으로 격해져 있을 때 미술치료사가 내담자에게 비언어적인 방식으로 내담자를 돌보고 그 공간의 무거운 공기를 함께 나누고 담아 주게 된다. 그러나 비대면 미술치료에서는 내담자에게 물이나 티슈를 건네 주는 것도 제한되고, 대신 언어적으로 내담자의 상태를 물어야 하는 상황이 된다. 비대면 미술치료에서는 내담자의 감정을 살펴 섬세하고 사려 깊게 이야기를 건네어 줄 수 있는 미술치료사의 자세와 역량이 더 중요해질 수 있다.

• 회기 전 미술 재료 준비 안내

미술치료사가 회기마다 사용하는 미술 재료가 다른 경우에는 내담자에게 회기가 시작되기 전에 필요한 미술 재료를 준비할 수 있도록 안내하는 것이 필요하다. 내담자가 미리 공간에 불필요한 재료까지도 모두 준비해 두는 과정에서 경험할 수 있는 피로감을 줄이고, 회기 중간에 필요한 재료를 가지러 가기 위해 공간을 이탈하는 상황을 방지할 수 있다.

• 제한된 시선 속에서의 안정화 작업의 중요성

미술치료사는 내담자의 비언어적 신체 반응을 모니터 화면을 통해 제대로 확인하기가 어렵다. 비대면 미술치료에서는 내담자가 불안해하거나 감정적으로 동요하는 상황에서 두 손을 꽉 쥐게 된다거나 다리의 떨림이 있는 부분들을 관찰하여 내담자의 신체적·심리적·정서적 안정을 위한 개입을 하는 데 어려움이 생긴다. 그래서 미술치료사는 회기 중간에 내담자가 불안정할 때 지금 호흡은 안정되어 있는지, 바닥에 두 발이 잘 닿아 있는지, 신체 중에서 불편하거나 긴장된 부분이 있는지 등을 구체적으로 질문하고 내담자가 안정화된 상태로 돌아올 수 있도록 돕는 것이 중요하다.

• 미술치료사 시연의 필요성

미술치료사가 작업 방식을 언어로 설명할 때보다 직접 재료를 가지고 시연하였을 때, 내담자가 훨씬 더 빠르게 이해하고 쉽게 작업을 시작할 수 있다. 회기에 사용할 미술 재료나 기기를 미술치료사도 미리 동일하게 준비하고, 필요할 때는 기기 조작의 방식이나 미술 재료의 사용 방식을 화면을 통해 직접 보여 주며 설명하는 것이 도움이 된다.

• 회기 후 내담자 돌봄을 위한 안내

미술치료사는 회기가 마무리되는 시점에 내담자가 안정되어 있는지 주의 깊게 살펴보고, 회기 후에도 자기돌봄과 안정화할 수 있는 방식을 제안하는 것이 필요하다. 비대면 미술치료 회기 이후에 내담자는 미술치료사와 마주하던 화면이 꺼지자마자 그 공간에 홀로 남아 오롯이 그 감정의 여운들을 다루어 나가게 된다. 그래서 미술치료사는 회기가 마무리되기 전에 그 감정을 환기할 수 있도록 돕고, 회기 이후에도 스스로 환기할 수 있는 다양한 방법을 제안하는 것이 좋다.

3) 3회기

- 주제: 힘들고 속상했던 어린 시절의 나, 어린 시절의 나를 위해 주고 싶은 것
- 미술 재료: 천사점토, 원형 종이, 폼폼, 플레이 콘, 12색 마커, 비즈 스티커, 양면테이프, 물티슈

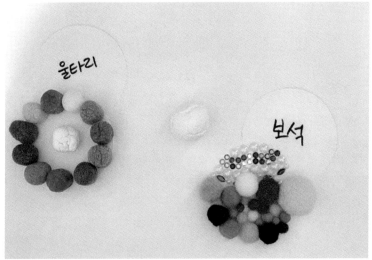

[그림 2] 어린 시절의 나, 나에게 주고 싶은 것

치료사는 3회기 시작 전에 필요한 재료와 줌 링크를 가을 님에게 문자로 안내하였다. 그러나 어떠한 주제로 작업할 것인지에 대해서는 미리 안내하지 않았다. 회기가 시작되고 당일의 상황에 따라 주제는 얼마든지 변경이 가능한 것이기 때문에, 특정한 주제를 미리 제안하고 내담자가 계획하고 고민하도록 하기보다는 회기에서

스스로 원하는 주제를 자유롭게 선택하고 작업할 수 있도록 하고
자 했다.

가을 님은 지난 두 회기보다 안정적으로 줌에 접속하였고, 자신
의 미술 작업 과정을 공유하는 항공 뷰도 무리 없이 설치하였다. 가
을 님은 제공된 미술 재료 키트 중에서 자신이 한 번도 사용한 적이
없던 플레이 콘에 가장 먼저 관심을 보였다. 어떻게 사용하면 되는
지를 궁금해하여 치료사는 미리 테이블 위에 동일한 재료를 준비
해 둔 것들을 사용하여 화면을 통해 시연하여 보여 주었다.

치료사는 3회기가 시작되고 지난 회기 이후 어떻게 지내고 있는
지, 그리고 지난 회기를 마치고 난 후 힘들고 불편한 부분은 없었는
지를 살폈다. 지난 2회기에 가을 님은 과거 어린 시절에 가족들에
게서 상처받고 힘들었던 경험을 나누었다. 그래서 치료사는 힘들
고 불편했던 과거의 감정을 다루는 내용이라 단단한 성질의 재료
를 제공하기보다는 부드러운 성질의 재료로 가을 님이 부정적 감
정들을 안전하고 편안하게 다루어 볼 수 있기를 바랐다. 작업을 제
안할 때도 과거의 어린 시절의 나를 천사점토로 표현하되, 그저 손
에서 느껴지는 감각에 집중하여 손이 이끄는 대로 작업을 하는 것
을 설명하고 완성된 형태의 완벽한 결과물이 나와야 하는 것은 아
님을 이야기하였다.

가을 님은 한 주먹 정도 되는 양의 천사점토를 양손에 번갈아 가
며 손에 힘을 꽉 쥐고 펴기를 반복하다 둥그런 구의 형태로 만들어
가는 모습이 관찰되었다. 천사점토를 만지는 과정에서 어릴 적 할
머니와 만두를 빚던 경험, 할머니에 대한 기억 등 미술 재료를 만질

때의 감각적인 경험으로부터 떠오르는 기억들을 하나씩 이야기하기 시작했다.

가을 님은 재료를 만지는 과정에서 자신이 원래 가지고 있던 천사점토가 오래되어 약간 갈라지는 현상이 있다고 이야기하였다. 그 순간 치료사는 미리 제공한 체크리스트를 통해 내담자가 어떤 미술 재료를 보유하고 있는가에 대해서만 확인하였을 뿐 재료의 상태를 점검하는 것에 대해서는 고려하지 못하였음에 미안한 마음이 들었다.

가을 님은 자신이 작업하는 모습이 화면에 잘 보이도록 중간중간 화면을 조정해 가며 작업을 완성하였다. 치료사는 곧바로 연속 작업으로, 지금 작업한 과거 어린 시절의 나를 위해 주고 싶은 것에 대한 주제로 다양한 미술 재료를 활용하여 자유로이 작업하여 보기를 제안하였다. 가을 님은 키트에 포함된 재료들 중에 자신이 마음에 드는 것들을 신중히 살펴보고, 플레이 콘과 비즈 스티커를 주로 사용하여 작업을 이어 나갔다.

가을 님과 완성된 미술 작품에 대해 이야기를 나눌 때는 이전 회기들보다 자발적으로 자신의 이야기를 편안하게 꺼내어 놓는 모습이었다. 그리고 작업과 자신의 삶이 어떠한 연결을 갖는지 스스로 탐색하고 통찰한 것들을 이야기하며, 작품에 녹아든 자신의 삶을 발견하고 깜짝 놀라기도 하였다.

치료사는 이번 회기를 경험하면서, 내담자가 자기 미술 작업 과정과 작업한 이미지를 살펴보는 과정을 통해 자기와의 연결성을 갖고, 그 모든 여정을 함께하는 미술치료사가 내담자 곁에 존재하고 있다는 미술치료의 본질이 비대면 미술치료에서도 그대로 담겨 있다는 것이 신기하면서도, 비대면 미술치료도 충분히 치료적 효과가 있을 것이라는 기대가 생겼다.

치료사는 회기를 마치기 전에 다음 회기까지의 시간 동안 자신의 눈길을 끄는 이미지가 있다면 휴대전화를 사용하여 촬영하거나, 이미 가지고 있는 이미지 중에서 눈길을 끄는 것들을 선택하여 준비해 둘 것을 요청하며 회기를 마무리하였다.

3회기를 마친 후 가을 님은 자발적으로 미술 작업을 하였다며, 작업한 결과물을 사진을 찍어 사전에 협의하여 개설해 둔 포털 사이트의 비공개 카페에 업로드하였다. 미술치료사와 이야기를 나누었던 경험을 바탕으로, 혼자서 작업한 결과물을 바라보고 연상되는 단어와 자신에게 느껴지는 감정들과 표현하고 싶었던 의미들을 담은 반영적 글쓰기도 함께 업로드하여 공유하였다.

가을 님의 비대면 미술치료 3회기 경험

"3회기가 되다 보니 휴대폰 거치대나 노트북을 사용하여 줌에 입장하는 것도 이제는 어려움이 없고 금방 설치하게 되었습니다. 그리고 작업하는 과정을 비추는 화면도 제가 직접 줌에 비추는 화면을 보고 스스로 먼저 조정하게 되기도 하였습니다."

"키트로 제공된 미술 재료와 기존에 제가 가지고 있는 미술 재료를 가지고 미술 작업을 했는데, 만약 물감을 사용하게 된다면 사전에 공지가 꼭 필요할 것 같습니다. 물통이나 팔레트가 바로 필요하게 될 때는 가지러 가거나 준비하는 데 시간이 필요하다 보니 미리 알고 준비해 두는 게 좋을 것 같았습니다. 전통 미술 재료를 가지고 작업을 할 때도 화면을 통해서 미술치료사가 재료를 사용하는 방법을 직접 보여 주며 알려 주어서 어려움은 없었습니다."

"입체 미술 작업을 할 때는 종이에 작업할 때와는 달리 완성된 작업이 부피가 생겨나서 어떻게 보관을 해야 할지 잘 모르겠습니다. 미술치료사가 질문한 미술치료실로 작업 결과물을 보내는 것도 저에게는 일이 될 것 같고, 보관하는 팁이 있다면 알려 주면 좋을 것 같습니다."

"비대면 미술치료를 하다 보니 치료 회기 이후에도 미술 재료 키트의 재료를 가지고 혼자서 미술 작업을 할 수 있어서 좋았던 것 같아요. 아마 대면 미술치료에서는 치료실에서 나오면 그렇게 작업을 하기는 어려웠겠지요."

미술치료사의 Tip

• 미술 재료의 보관 및 관리 점검
미술치료사가 제공한 미술 재료 체크리스트에서 내담자가 사전에 보유하고 있는 미술 재료에 천사점토가 있음을 확인하였으나, 천사점토의 말랑한 정도 등 재료의 상태에 대해서 구체적으로 확인하지 않고 놓쳤음을 회기 과정에서 인식하게 되었다.

대면 회기에서는 미술치료사가 잘 나오지 않는 마커나 부러진 재료, 마른 점토 등 미술 재료의 관리를 하게 되지만, 비대면 상황에서는 미술치료사가 해당 재료의 상태를 모두 점검하고 제공하기에 어려움이 있다. 때문에 내담자가 개인적으로 보유하고 있는 재료에 대해서는 구체적으로 질문을 통해 재료가 충분히 사용 가능한 정도인지를 세심하게 살펴보는 것이 필요하다. 또한 키트로 제공한 미술 재료에 대해서 이후에도 사용할 수 있도록 재료를 보관하는 방법에 대해 구체적으로 안내하는 것이 필요하다.

• 개인적 작업에 대한 미술치료사의 반응
미술치료 회기 이후에 내담자의 미술 작업이 이어질 수도 있다는 가능성을 살펴볼 수 있었다. 미술치료사는 다음 회기 시작 부분에 해당 작업에 대한 경험에 대해 함께 이야기를 나누는 것으로 반응하였으며, 함께 비공개로 운영하는 포털 사이트 카페에서 별도의 댓글을 작성하거나 다음 회기 전에 이야기를 나누지는 않았다.
내담자가 회기 시간 이외에 작업한 자신의 이미지를 치료자에게 공유하는 경우에는 미술치료사가 이 부분에 대해서 어떻게 다룰지를 내담자와 함께 논의할 필요가 있다.

• 회기의 미술 재료 키트 사용에 관한 고민
내담자가 원할 때 언제든지 자신의 미술 작업을 위한 재료를 개인적으로 구매하여 보충할 수 있음을 제안할 수 있다. 미술치료사가 이미 미술치료 회기를 위한 미술 재료를 키트로 제공한 경우, 내담자가 개인적으로 자신의 미술 작업에 사용하는 것에 대해서는 고려할 부분이 있을 것으로 사료된다. 내담자의 개인적인 시간에 치료 회기에 사용하게 될 재료들을 사용했을 때, 정작 회기에서 필요한 재료가 소진되어 사용할 수 없게 되는 상황이 발생할 수 있음에 대해서도 미술치료사가 사전에 인식하고 있어야 한다.

• 미술 작품의 보관 문제

미술치료사는 내담자와 미술치료 회기에서 만들어진 미술 작품을 보관하는 방식에 대해 논의하는 과정이 필요하다. 미술 작품은 자기표현을 통한 셀프 오브젝트(self object)로서 중요한 의미를 가지는 만큼, 사전에 내담자에게 미술 작업 결과물을 보관할 수 있는 장소가 있는지 확인하고, 미술 작품을 보관하는 방식을 안내하고, 만약 보관을 원치 않는 경우에는 처리하는 방식에 대해서도 함께 논의하는 과정이 필요하다.

4) 4회기

• 주제: 사진 콜라주를 활용한 자유화
• 미술 재료: 노트북, 휴대폰 거치대, 태블릿 PC, 터치펜, 항공 뷰 휴대폰 거치대, 픽사베이 이미지, 개인 사진 촬영 이미지

치료사는 4회기를 앞두고 나의 신체적 · 심리적 · 정서적 상태가 어떠한지를 살펴보고, 그동안 내담자의 미술 작업이 어떠한 방식과 내용으로 이루어져 왔는지를 살펴보며 회기를 준비하였다.

가을 님은 외모를 단장하고 참여하여 예전보다 화사하고 밝은 분위기를 풍겼다. 치료사는 가을 님의 외적인 변화에 대해 먼저 이야기를 꺼내고, 지난 3회기 이후에 혼자 미술 작업을 하고 반영적 글쓰기를 하게 된 동기와 경험이 어떠하였는지에 대해 함께 이야기를 나누었다.

가을 님은 3회기가 끝나자마자 점토를 만지고 싶어 자신이 좋아

하는 영화 〈오두막〉을 마치 배경음악처럼 틀어 놓고 소리를 들으며 작업을 했다고 하였다. 작업 과정에서 조금은 말라 있던 천사점토에 물을 많이 부어 질척거리는 느낌을 느끼고, 그 점토를 계속 만지고 주무르다 보니 물이 점토에 흡수되고, 손에 닿는 색들을 점토에 입혀 보며 자신을 표현해 보게 되었다고 설명하였다.

치료사는 가을 님의 이야기를 듣고 혼자서 미술 작업을 시도한 것을 지지하였다. 자신이 새로운 작업을 시도하고 자기 삶과 연결지어 새로운 통찰을 얻을 수 있게 된 데에는 가을 님의 노력과 애씀이 있었기 때문에 가능했음을 이야기하였다. 그리고 가을 님이 미술 작업 과정에서 자신을 기꺼이 들여다보고 이해하고자 적극적으로 시도하려는 모습에서 발견한 가을 님이 가진 장점에 대해서도 미술치료사의 언어로 다시 한번 분명히 전달하였다.

이번 회기에서는 자신이 준비한 사진 혹은 이미지 파일을 사용하여 콜라주 자유화 작업을 하기로 하였다. 가을 님은 자신이 선택하여 모아 둔 이미지가 자신에게 어떤 의미이고, 언제 찍은 사진인지, 어떤 경험과 연결된 사진인지를 하나씩 설명해 주었다. 가을 님은 미술치료사에게 사진에 대해서 설명하다 보니 점점 잊고 있던 과거의 경험들이 떠오르고 다시금 추억하게 된다며 신기해하는 반응을 보이기도 하였다.

가을 님은 태블릿 PC의 드로잉 앱을 활용하여 콜라주 작업을 진행하였다. 이전 회기에서 앱을 사용할 때보다 주저함보다는 기꺼이 시도해 보는 적극성이 돋보였다.

가을 님은 자신이 완성한 이미지에 대해서 치료사에게 설명해 줄 때도 각각의 이미지가 어떤 의미이고 어떤 순서로 배치했는지에 대해서 구체적으로 이야기해 주었다. 그녀는 '내가 하고 싶은 게 참 많았구나.'라는 생각이 들었다며, 자신이 여행을 좋아하는 이유를 알게 되고 자기 자신에 대해서 더 잘 이해하게 되는 작업 경험이었다고 하였다. 가을 님은 작업에 주로 사용된 색감이 평소 자신이 좋아하던 색감과 비슷하다는 것을 스스로 발견하고, 최근에 자신이 집에 사 온 꽃도 노란색이었다며 자기도 모르게 마음이 끌리고 손이 가 꽃을 구매한 경험을 이야기하기도 하였다.

가을 님은 이번 회기 작업을 경험하며 자신의 눈에 들어오는 이미지만으로도 자신의 내면을 알 수 있고, 자신이 이미지를 선택한 데에는 다 이유가 있다는 것을 알게 되어 신기하다고 하였다. 치료사는 가을 님이 그런 생각을 하게 된 데에는 자신에 대해 궁금해하고 열린 마음으로 이미지를 탐색하고자 하는 가을 님의 삶에 대한 진지하고도 호기심 어린 태도가 새로운 자기를 만나는 기회로 이끌었음을 이야기하고, 가을 님이 자신의 장점을 인식하고 스스로를 칭찬할 수 있기를 제안하며 회기를 마무리하였다.

가을 님의 비대면 미술치료 4회기 경험

"저는 직장인인데 퇴근 이후에 미술치료를 받는 것이라 시간이 좀 빠듯한데, 비대면으로 진행되다 보니 장소와 시간을 활용하는 데 있어서 확실히 좀 더 절약적이었습니다."

"미술치료사가 한 주 동안 좋아하거나 눈에 들어오는 사진을 찍을 것을 과제로 줬던 것은 부담스럽지 않았습니다. 좋아하는 풍경 사진을 찍는 것을 좋아하고 간직하고 싶어 하는 편이라 과제처럼 느껴지지는 않았습니다. 그런데 이번에는 이전에 찍어 두었던 사진을 활용해서 작업을 했습니다. 저에게 익숙한 것은 제가 찍어 이미 소장하고 있는 사진이지만, 막상 미술 작업에 활용할 때는 새로 다운받은 사진으로 작업을 하게 되었습니다."

"이번 회기에서는 태블릿 PC를 사용하여 미술 작업을 하였는데, 아직까지 태블릿 PC를 사용하는 것이 어렵고, 앱을 활용하여 그림을 그리는 것이 평소에 자주 사용하지 않았던 것이라 적응할 시간이 좀 필요할 것 같습니다. 잡지를 찾지 않아도 간편하게 작업할 수 있어서 좋았습니다. 그리고 재료비도 들지 않고, 다른 시각으로 보면 간단하게 태블릿 PC 하나만 있으면 되는 거라 간편해서 좋았습니다. 태블릿 PC에서 작업한 이미지는 갤러리 폴더 안에 저장되어 있어 회기가 끝난 후에도 가끔씩 보기도 하는데 재미있고 좋습니다."

"비대면 미술치료이지만 화면을 통해서도 상호작용이 충분히 이루어졌다고 생각했습니다. 미술치료사와 이야기를 나누면 왜 그 사진이 끌렸는지, 그리고 내가 어떤 마음인지를 잘 알게 되었습니다. 대화를 통해 상호작용을 할 수 있어 좋았습니다."

미술치료사의 Tip

• 디지털 매체를 활용한 콜라주 작업의 확장 가능성

대면 미술치료에서 콜라주 작업을 했을 때는 대부분 잡지를 활용하였으나, 이번 회기에서는 내담자가 직접 촬영한 과거 사진들을 활용하여 디지털 콜라주 작업을 시도해 보았다. 비대면 미술치료이자 태블릿 PC를 활용하여 미술 작업을 하게 되었기 때문에 더 확장된 시각으로 다양한 작업을 시도해 보는 것이 가능했다. 내담자의 사진을 활용한 작업만으로도 여러 회기의 미술치료가 이루어지는 것이 충분히 가능하다. 매 회기마다 다른 미술 재료를 사용해야만 하는 것은 아니기 때문에, 비대면 미술치료 회기에서 내담자의 개인 사진만으로 콜라주 작업을 연속 작업으로 진행하는 것이나 프린터기가 있다면 출력하여 이후 회기에서도 작업을 이어 갈 수 있겠다.

• 디지털 매체를 활용한 작업의 이점

디지털 기기의 앱을 활용할 때도 곧바로 자신이 원하는 이미지를 찾아서 작업에 활용할 수 있고, 또한 자신이 과거에 촬영해 두었던 사진을 작업에 활용할 수 있다는 부분은 치료사에 의해 제공된 다른 이미지들보다 자신의 삶과 연결된 부분이 담겨 있기 때문에 내담자의 과거의 기억들을 더욱 잘 떠올릴 수 있다는 장점을 가진다.

• 태블릿 PC와 앱을 활용한 미술 작업에서의 사전 준비

앱을 활용하여 작업을 진행하는 과정에서는 내담자에게 작업 방식에 대해서 사전 안내나, 필요한 경우 회기 내에서의 교육이 제공될 필요도 있다. 물론 미술치료가 이루어지기 전에 모든 것이 완벽히 안내되고 교육되어야 하는 것은 아니다. 그러나 미술치료사가 내담자에게 불필요한 불편감, 저항감이나 피로감을 경험하지 않을 수 있도록 사려 깊게 준

비하는 것은 필요하다. 이는 미술치료사가 전통적 미술 재료마다의 성
질과 다루는 방법을 미리 충분히 알고, 내담자에게 사용하는 방식과 주
의점을 설명하는 것과 같은 맥락이다.

5) 5회기

- 주제: 나의 자원
- 미술 재료: 8절지, 조약돌, 스팽글, 아크릴물감, 붓, 12색 마커,
  양면테이프

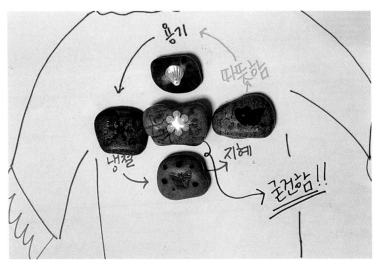

[그림 3] 나의 자원

치료사와 가을 님은 지난 4회기 이후의 근황에 대해 이야기를 나
누었다. 가을 님은 회기가 지날수록 개인적인 삶의 경험을 편안한

목소리로 전해 주었다. 그리고 '최근에 자신이 불편하고도 복합적인 감정을 느꼈던 사람과의 관계에서 긍정적인 변화가 나타나 새로운 관계로 전환되고 있는 상황에 대해서도 공유해 주었다'.

이번 회기에서는 미술 재료 키트로 보냈던 다양한 색과 모양의 조약돌을 활용하여 작업을 하기로 하였다. 미술 작업을 시작하기 전에 내담자의 테이블을 보호하고 작업을 편안하게 할 수 있도록 A4 용지나 8절 도화지를 준비하도록 요청하였다. 미술치료실 공간에서는 테이블이 더러워져도 되고 작업 후 미술치료사가 해당 공간을 정리하지만, 지금은 비대면 미술치료의 환경상 가을 님의 개인 테이블에서 작업을 하기 때문에 혹시라도 돌로 인하여 테이블에 상처가 생기거나 물감이 튈까 우려되어 권하게 되었다.

가을 님이 8절 도화지를 테이블 위에 올려놓고 돌들을 하나씩 꺼내어 도화지 위에 올려 두는 모습이 작업 과정을 보여 주는 별도의 화면에 비쳤다. 가을 님은 다양한 모양과 색의 돌들이 저마다 개성이 넘친다고 이야기하며, 돌 모양에 따라 자유로이 연상되는 것들을 하나씩 이야기하였다. '가을 님은 자신이 어린 시절 계곡에서 돌을 가지고 놀았던 기억을 떠올리기도 하고, 신기한 돌 모양을 찾아 사람들에게 가져가 보여 주던 기억을 떠올리기도 하였다. 그 과정에서 자신이 사물을 자세히 관찰하는 것을 좋아하던 모습들을 기억해 내기도 하였다'.

가을 님이 재료 탐색을 충분히 마친 후에 치료사는 이번 작업의 주제를 제안해 보았다. 돌은 큰 돌로부터 떨어져 나와 점점 작아지기도 하고, 주변에 존재하는데 누군가의 발에 채이기도 하고, 누군가는 가을 님처럼 자세히 들여다보아야만 관심을 갖게 되는 대상임을 설명하였다. 우리가 살아가면서 무심코 지나가고 의식하지 않으면 발견하지 못할 수 있는 작은 돌처럼, 내가 인식하지 못했던 나 자신의 자원을 탐색해 보고 그것을 돌 위에 표현해 보는 것은 어떨지 물었다. 가을 님은 자신의 자원을 어떻게 돌 위에 표현해야 할지 고민이 된다고 하여 치료사는 치료사가 이전에 작업한 다양한 예시 이미지들을 화면으로 공유하여 보여 주었다. 그러자 가을 님의 얼굴 표정이 밝아지더니 어떻게 작업을 하면 될지 알 것 같다고 반응하였다.

치료사는 미술 작업을 할 때 돌 위에 그림을 그리거나 글씨를 쓸 때 어떤 재료가 발림성이 좋은지, 다양한 꾸미기 재료를 돌에 붙일 때 사용할 수 있는 접착제들의 종류와 특성을 간단히 설명하였다.

가을 님은 신중하게 돌을 고르고 마커와 스팽글을 활용하여 돌을 꾸미는 작업을 시작하였다. 8절 도화지를 배경 삼아 돌의 배치를 바꾸어 보기도 하고, 그 위에 그림과 글을 적어 보기도 하였다. 가을 님은 작업을 하던 중에 예상된 시간보다 작업 시간을 더 줄 것을 요구하였고, 이로 인해 작업한 결과물을 사진으로 찍고 공유하는 시간이 부족하게 되었다. 그래서 우리는 작업 결과물이 화면에 잘 비추어질 수 있도록 기기를 작품에 잘 조정한 뒤에 작업 경험에 대한 이야기를 나누기로 하였다.

가을 님은 자신이 돌을 가지고 작업을 하기 전에는 긴장과 떨림이 있었지만 지금은 뭉클한 마음이 든다고 이야기하였다. '이번 작업을 통해 자신이 살아온 인생을 되돌아보게 되었고, 인생의 중요한 시기마다 자신에게 이것이 필요했다는 것을 생각하며 작업을 하게 되었다고 하였다. 그녀는 자신이 살아온 삶의 여정에서의 자기 자신을 인정하게 되고 새로운 인식을 갖게 되는 시간이었음을 고백하며 회기를 마무리하였다'.

가을 님의 비대면 미술치료 5회기 경험

"비대면 미술치료를 경험하다 보니, 줌을 사용하고 휴대폰 거치대를 사용하여 화면을 조정하는 부분에서의 어려움은 별로 없습니다."

"미술치료에서 사용한 재료는 대체적으로 보내 주신 키트에 포함되어 있었던 것들이라 재료를 준비하는 데에는 어려움이 없었습니다. 그런데 오늘 미술 작업을 하고 나서 돌을 물감에 '퐁당!' 빠트리고 싶었던 마음이 들기도 했습니다. 물감이 필요하고 기타 준비할 재료들에 대해서 사전에 안내가 되어 미리 잘 준비할 수 있었습니다."

"제가 만든 미술 작품을 직접 화면을 통해 공유할 때에는 세세하게 작품에 대해 설명을 해야 해서 어려움이 있었지만, 상담을 받는 데에서는 크게 어렵지 않았습니다."

"누군가 집에 사람들이 놀러와 작업물에 대해서 물어보면 설명해 줘야 하는 귀찮음이 있지만, 제 생활공간에 제 미술 작품을 보관하는 것은 대체로 괜찮습니다."

미술치료사의 Tip

• 미술치료사도 내담자와 동일한 미술 재료 준비하기

비대면 미술치료에서도 미술치료사는 각 미술 재료들의 성질을 자세히 설명해 주는 것이 필요하다. 대면 미술치료에서 내담자가 마주 앉아 있어 각각의 미술 매체의 특징들을 함께 살펴보듯이, 비대면 미술치료에서는 화면을 통해 그 과정이 공유될 수 있도록 내담자에게 제공한 미술 재료 키트가 있다면 기본적으로 미술치료사도 동일한 재료를 준비해 두는 것이 좋다. 디지털 매체도 역시 마찬가지다.

6) 6회기

• 주제: 종결을 맞이하는 나는 어떠한가

　DAPR: 빗속 사람 그리기 검사

　PPAT: 사과나무에서 사과 따는 사람 그리기 검사

• 미술 재료: 8절지, A4 용지, 12색 마커, 연필, 지우개, 태블릿 PC, 터치펜

치료사와 가을 님은 마지막 회기를 시작하며 서로의 근황을 나누었다. 그 가운데 가을 님은 자신의 주요 대상과의 관계 변화에 대해서 이야기를 나누었다.

가을 님은 회기가 시작되기 전에 미리 비대면 미술치료를 위한 준비를 모두 해 두어 수월하게 회기가 시작되었다. 치료사는 가을

님과의 비대면 미술치료 회기가 진행될수록 치료적 관계가 점점 안
정되면서 상호작용과 회기의 흐름이 물 흐르듯 편안하게 흘러가는
느낌이 든다.

마지막 회기에서는 사후 검사를 통해 사전 검사한 그림을 서로
비교하며 가을 님이 자신의 변화를 이미지를 통해 스스로 인식할
수 있도록 하였다. 그림 검사의 순서는 전통적 미술 매체 DAPR([그

[그림 4]
전통적 미술 매체를 활용한 DAPR(사전)

[그림 5]
전통적 미술 매체를 활용한 DAPR(사후)

[그림 6]
전통적 미술 매체를 활용한 PPAT(사전)

[그림 7]
전통적 미술 매체를 활용한 PPAT(사후)

림 5] 참조) → 전통적 미술 매체 PPAT([그림 7] 참조) → 디지털 미술 매체 DAPR([그림 9] 참조) → 디지털 미술 매체 PPAT([그림 11] 참조) 로 진행했다.

가을 님은 1회기에 동일한 주제의 그림을 그릴 때보다 자신이 표현하고자 하는 바를 오랜 시간 고민하고 여러 번 수정 작업을 거치는 모습으로 변화되었다. 그리고 태블릿 PC를 사용하여 그림을 그리는 것이 안정되고 편안해진 모습이었다.

치료사는 미술 작업이 모두 완료된 후에 가을 님과 이미지에 대해서 함께 이야기를 나누었다. 줌의 화면 공유 기능을 활용하여 치료사가 가을 님으로부터 받은 사전 그림 검사와 사후 그림 검사의 이미지를 한 화면에 나란히 띄우고 함께 그림을 바라보았다. 치료사는 먼저 가을 님에게 1회기 때 그린 그림과 이번 회기에 그린 그림 사이에 어떠한 변화가 있는지, 어떤 부분이 인상적인지를 질문하였다. 가을 님은 자신의 PPAT 사전·사후 이미지를 살펴보고 두 이미지를 서로 비교하며 이야기하기 시작하였다.

"왼쪽에 있는 거(사전)는 약간 불안해 보이고요. 오른쪽에 있는 거(사후)는 엄청 안정적인 것 같아요. 그리고 왼쪽에 있는 애는 좀 철딱서니 없어 보이고 오른쪽에 있는 애는 거기보다 안정적으로 보이고 불안해 보이지 않는 것 같아요. 저라면 왼쪽에 저 애를 사다리에서 안고 내려올 것 같은 느낌이 들어요. 왠지 넘어질 것 같아서 저기 있으면 안 될 것 같아요. 그리고 왼쪽에 있는 저 사과는 안 따고 싶을 것 같아요. 더 많은 시간이 필요할 것 같아서 애한테 내려오라고 할 것 같아요."

라고 그림에서 인상적인 부분에 대해 이야기하며 그림의 변화를
신기해하였다.

가을 님은 사전과 사후 그림의 변화를 스스로 인식하며,

> "오늘 그린 그림이 우뚝 서 있는 느낌이 들어 더 마음에 들어요. 왼쪽
> 에 있는 열매는 안 따고 싶어요. 지금 보니까 완전 씨앗 수준인데, 오른
> 쪽 사과는 따도 될 것 같아요. 어머~ 세상에 언빌리버블이다. 같은 주
> 제로 그렸는데 이렇게 달라질 수 있나 해서…… 대박이네요."

라며 그림의 변화에 놀라움을 표현하기도 하였다.

그다음으로는 DAPR의 사전·사후 이미지를 나란히 두고 살펴보
았다. 가을 님은 화면에 이미지가 뜨자마자 웃음을 지으며,

> "너무 신기하다…… 또 달라……. 왼쪽(사전)은 거의 생존의 느낌인
> 데? 하하, 비슷한 옷을 입었네요. 우산 위치랑 이런 거는 너무 똑같네?
> 저는 의도한 게 아닌데. 뭔가 왼쪽은 절대 젖지 않겠다라는. 약간 저 사
> 람이라면 되게 스트레스가 엄청 많을 것 같아요. 단 하나의 물도 허용치
> 않을 것 같아요. 난리날 것 같아요. 근데 오늘 그린 건 뭔가 여유 있어
> 보이는 어른의 느낌이에요. 너무 신기하다……. 비도 우산과 같은 라인
> 에서 비가 내리고 오른쪽은…… 왼쪽은 사방에서 비가 그냥 비인데……
> 처음 그렸던 그림. 사이즈도 달라요. 한의원의 침으로 치면 왼쪽은 대침
> 수준인데, 옆에는 거의 소나기도 아니고 저건 미스트 같을 것 같아요."

[그림 8]
디지털 미술 매체를 활용한 DAPR(사전)

[그림 9]
디지털 미술 매체를 활용한 DAPR(사후)

[그림 10]
디지털 미술 매체를 활용한 PPAT(사전)

[그림 11]
디지털 미술 매체를 활용한 PPAT(사후)

라며 그림에서 관찰된 변화들을 하나씩 스스로 이야기해 나갔다.

가을 님은 그림을 그릴 때는 자신이 1회기에 그린 그림과 마지막 회기에 그린 그림 사이에 별 다를 바가 없을거나 그냥 똑같은 것을 또 그리는 느낌이었는데, 그림이 이렇게 다르게 표현되고 변화하였다는 것에 신기해하였다. 그녀는

> "엄청 많은 게 느껴지네요. 변했다! 라는 게. 변했나 봐…… 하하. 제가 변했나 봐요. 제가 조금 여유 있게 바뀐 것 같아요. 그리고 거기에 따른 허용되는 것도 많이 넓어진 것 같아요. 허용할 수 있는 것들. 보는 시선도 달라진 것 같고. 엄청 신기한 경험을 한 것 같아요."

라고 회기 경험을 통한 자기변화를 인식하였다.

가을 님과 나는 미술치료 회기를 통해 인식하게 된 그녀의 장점과 새로운 자기에 대해 이야기 나누는 시간을 가졌으며, 그동안 회기의 경험과 그 경험이 가지는 개인적 의미에 대해서 함께 나누고 회기를 종결하였다.

가을 님의 비대면 미술치료 6회기 경험

> "비대면 미술치료를 경험해 보니 대면 미술치료와 비교하여 장소와 시간을 활용에 있어 절약적인 부분과 소요되는 부분이 차이점이 있지만, 개인의 성향에 맞춰 선택하는 게 좋을 것 같다는 생각이 들었습니다. 비대면 미술치료도 충분히 가능하다는 생각이 들었습니다. 줌에서

도 충분히 미술치료사와 교감을 할 수 있어서 너무 좋았습니다."

"제가 미술치료를 시작하기 전에 미술치료사가 보내 준 재료 체크리스트에 제가 사전에 가지고 있던 재료들을 체크했었고, 없었던 재료는 키트로 보내 주셔서 재료를 준비하는 것은 어려움이 없었습니다. 오히려 제가 미술 재료를 더 구입하고 싶었습니다. 재료 키트에 포함되어 있던 플레이 콘이랑 폼폼과 반짝이는 스티커를 보고 비즈 공예도 미술치료 재료로 사용할 수 있겠다 생각했습니다."

"완성된 미술 작품에서 도화지나 A4 용지에 작업했던 것은 사진으로 찍어 보관하고 있고, 이후에 폴더를 만들어 장기 보관할 수 있도록 하려고 합니다. 입체 작업물은 제가 좋아하는 물건들을 진열해 두는 곳에 올려두었더니 뭔가 작품 전시회 같은 것이 되었습니다."

"저는 두 가지 디지털 매체와 전통 매체 중에서는 전통 매체가 더 좋았습니다. 저는 오감을 사용하는 것을 좋아하는 편이고 만드는 것을 좋아합니다. 그리고 붙이고 떼어지고 칠하고 만드는 작업 과정에서 경험이 주는 선물을 아끼는 마음이 있어 전통 매체를 사용할 때의 작업이 너무나 좋았습니다."

"전통 매체를 사용하며 느낀 장점은 제가 직접 하나하나 만져 보면서 내 손으로 촉감을 느껴 볼 수 있다는 점입니다. 좀 더 편하게 다양한 것들을 접해 볼 수 있었습니다. 하지만 단점은 아무래도 완성된 작품을 보관하는 부분입니다."

"디지털 매체를 사용하며 느낀 장점은 매우 간편하다는 점입니다. 여러 종류의 재료를 나열할 필요 없이 간편하게 어디서든지 할 수 있다는 것이 좋았습니다. 하지만 사용법을 미리 익혀야 하고, 내가 직접 재질의 특성을 이용해서 통제나 유연함을 배우는 데에는 한계가 있어서 직접 손으로 재료를 느껴 보지 못하는 부분이 아쉽게 느껴졌습니다. 색, 소재, 이미지 등등 선택과 활용의 폭이 넓다는 것이 장점이라고 생각합니다."

미술치료사의 Tip

• 디지털 기기를 활용한 그림 검사에서의 고려점

디지털 기기를 활용한 그림 검사의 경우, 해당 검사만을 위해 개발된 앱을 활용하지 않았기 때문에 작업 과정에서 기존의 검사 방식 및 채점 기준에 부합될 수 없는 검사를 수행하게 되었다.

DAPR의 경우, 미술치료사가 종이의 사이즈, 연필의 두께 조절, 색 사용 불가 등에 관한 내용을 이미 설명하였음에도 내담자가 작업 과정에서 자연스럽게 앱의 다른 기능을 사용하는 상황들이 발생하였다. PPAT의 경우에서도 내담자가 두께감을 다양하게 조절한다거나 12색 이외의 다양한 색 선택, 지우개 사용 혹은 이전으로 되돌리기 버튼을 활용하는 부분들이 생겨났다.

미술치료사는 디지털 기기를 활용한 그림 검사를 실시할 경우, 질적인 평가 도구로는 의미가 있으나 양적인 평가 도구 혹은 기존의 채점 기준을 적용한 엄격한 평가 도구로서의 활용은 어려울 수 있음을 고려해야 한다.

• 그림 검사에서의 작업 과정 관찰

기존 검사 방식을 활용한 그림 검사의 경우, 비대면 미술치료에서도 충분히 적용이 가능할 것으로 보인다. 다만, 검사는 내담자의 미술 작업 결과물만이 아니라, 내담자가 재료를 다루는 방식이나 검사 수행 과정에서의 특징적인 행동들을 관찰하는 것에서도 내담자에 대한 다양한 정보를 얻을 수 있다. 그러므로 미술치료사는 내담자의 그림 검사 수행 과정을 살펴볼 수 있도록 화면을 추가로 설치하거나 조정하는 것을 고려해 보길 제안하는 바이다.

미술치료사의 종결 반응 작업

치료사는 가을 님과의 비대면 미술치료 회기를 종결하면서 가을 님이 앞으로 걸어갈 길들에 대한 축복의 마음과 6회기 동안 함께 이루어 온 시간들에 대한 고마운 마음을 담아 미술치료사로서의 반응 작업을 하였다.

치료사는 다양한 색깔의 도화지 중에서 노란색을 집어 들었다. 작업을 하려고 하는 찰나, 지난 회기 중에 가을 님이 자신은 노랑과 주황 사이의 색을 좋아한다고 말했던 순간이 떠오르기도 하고, 회기가 시작되기 전에 미술 재료 키트를 담아 보낸 쇼핑백의 색도 같은 노란색이었던 기억이 떠올랐다. 여러 색 중 노란색의 도화지가 치료사에게 주는 이미지는 그동안 가을 님과의 회기들을 돌아볼 수 있게 하는 자극이 되어 주었다. 치료사는 가을 님이 노란색의 따뜻함처럼 평안하고 행복한 삶을 살았으면 하는 바람과 앞으로 향

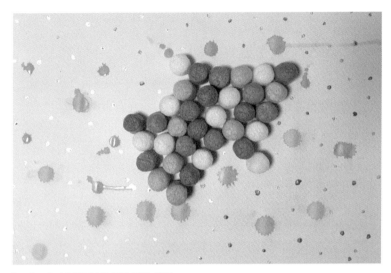

[그림 12] 미술치료사의 종결 반응 작업

하는 그녀의 여정에 따뜻한 빛이 비추어지길 소망하였다.

치료사는 노란색 도화지 위에 무엇을 표현할까 고민하다가 가장 먼저 플레이 콘에 손이 갔다. 의식적으로 재료를 선택한 게 아니라 그저 무의식적으로 손이 재료로 향하여 시작된 작업이었는데, 가을 님이 새로운 것으로부터 즐거움을 느꼈던 재료가 바로 플레이 콘이었다. 가을 님이 사용한 재료 중에서 가장 신기해하고 곧바로 작업에 사용하며 너무나 기분 좋음을 느꼈던 플레이 콘을 하나하나 정성스레 붙여 나가다 보니, 그 모양이 마치 미래를 향해 나아가는 화살표 같아 보이기도 하고 가을 님을 위한 나침반 바늘이 되어 주면 좋겠다는 생각도 들었다.

이후에는 금색과 은색의 물감을 사용하여 작은 점들을 반복적으로 찍어 나갔다. 그 과정에서 마치 가을 님과의 미술치료 회기에서의 귀중했던 경험들이 떠올랐다. 반짝거리고 빛나는 점들이 화지의 곳곳을 채우고 있듯 가을 님과의 매 순간이 담겨 있는 것 같고, 회기 전체가 반짝거림으로 채워져 있는 것만 같았다.

마지막으로, 치료사는 물방울을 화지에 떨어트려 나갔다. 그 작업 과정에서 무언가를 의식하고 작업해 나갔다기보다는 그 과정 자체를 치료사의 손과 마음이 이끄는 대로 표현해 나갔다. 물방울을 떨어트리면서도 이것을 왜 떨어트리는지는 생각하지 않았다. 그러나 작업을 마무리하고 작업한 결과물을 멀리서 바라보니 마치 눈물이 떨어져 있는 것처럼 보였다. 그동안 그녀가 자신을 돌보고 지켜 왔듯이 앞으로의 삶의 여정에서도 그녀의 자원이 그녀와 함께하기를 바라는 마음이 담겨 있었던 걸까?

가을 님이 지금까지 그래왔듯, 그리고 지금보다 더 자신을 아끼고 사랑하기를, 기꺼이 자신을 위한 돌봄의 시간을 자신에게 허용하기를 소망한다. 그녀가 즐겨 보는 영화 〈오두막〉의 한 장면처럼, 가을 님도 가을 님만의 아름다운 정원을 가꾸어 나가길 바라며 그 모습을 상상해 본다.

"나다움"을 찾고 싶은 수미

1. 비대면 미술치료 구조

(1) 물리적 공간

① 내담자: 수미 씨의 방(혼자 살고 있음)

② 미술치료사: 자택 내 개인 공간

(2) 디지털 환경

줌 플랫폼

(3) 디지털 기기

① 내담자: 노트북, 스마트폰, 태블릿 PC(갤럭시탭), 항공 뷰 휴대 폰 거치대

② 미술치료사: 카메라 내장 노트북

(4) 치료 구조

① 총 회기 수: 6회기

② 회기 시간: 퇴근 후 8시 / 60분

(5) 미술 매체

① 전통적 미술 매체

- 내담자의 개인 미술 재료: 8절 도화지, A4 용지, 연필, 지우개, 풀, 가위
- 미술치료사가 제공한 미술 재료: 동그란 캔버스(18cm), 스마일 스티커, 털실, 폼폼

② 디지털 미술 매체(APP): 오토데스크 스케치북, 그룹보드

2. 회기 과정

1) 1회기: 줌으로 처음 만나다

직장 생활을 하는 40대 여성인 수미 씨는 늘 미술치료에 관심이 있었다. 검색 사이트에 미술치료를 검색하면서 미술치료받을 곳을 찾았다.

수미 씨는 아주 오래전에 '빗속의 사람'을 그려 보았는데 알지 못했던 나의 모습을 그 그림 속에서 보게 되어서 기억에 남았다. 미술치료가 그런 점에서 도움이 될 것 같아서 기대가 된다.

수미 씨는 사람을 대할 때 상대방의 반응에 민감해서 치료사 역시 직접 만나는 것이 불편하다. 이야기를 할 때 표정이나 비언어적 몸짓 같은 것에 신경이 쓰였다. 그런데 비대면으로는 좀 덜하게 느껴지는 것 같아서 비대면 미술치료 방식이 반가웠다.

요즘은 COVID-19로 인해서 재택근무 중이므로 근무를 마치고 저녁 8시에 다시 컴퓨터 앞에 앉았다. 수미 씨와 치료사는 짧지만 6번의 회기를 계획했다. 특별한 치료 목표를 두지 않고 만나기로 했다. 막연하게 미술치료를 받아 보고 싶은데 무엇이 문제라고 딱히 말하기도 어렵기 때문이다. 그럼에도 불구하고 첫 만남이지만 수미 씨는 편안하게 이야기를 풀어낸다.

수미 씨는 대학 졸업 후 20여 년 동안 한 번도 쉬지 않고 일만 하고 살아왔다. 나를 돌아볼 겨를이 없었을뿐더러 현재도 직장을 옮긴 지 얼마 되지 않았다. 그동안 어떤 직장을 거쳐 왔는지, 그곳에서 어떤 일을 했는지 20여 년의 시간의 흐름을 죽 이야기하다가, 미술치료를 받는 이 시간까지도 쉬지 않고 두서없이 말하는 자신을 발견해 내면서 노트북 너머로 미술치료사와 함께 나를 토닥이는 시간을 갖고 싶어졌다.

수미 씨는 대학에서 문예창작과를 전공했다. 졸업하자마자 문예창작과와는 전혀 관계가 없는 회사에 취직했지만, 일을 곧잘 했다. 그 후 바로 복지기관으로 이직했다. 여기서 아이들을 만나는 것이 즐거웠고, 열심히 직장 생활을 했다. 그런데 또 이직을 준비하고 있다. 조금 쉴 만도 한데, 왠지 모르게 아버지를 만족시키고 싶다. 요즘 와서야 이 모든 것이 불만스럽고 힘들다.

치료사는 수미 씨의 이야기를 경청했다. 잠시 아주 짧은 침묵이 흘렀다. 수미 씨는 따로 또 같이 있는 이 공간에서의 침묵이 어색하다. "너무 말이 많았죠……."는 치료사가 예상한 침묵의 불편감에서 나온 말이다.

"수미 씨의 이야기를 나누어 주어서 고마워요. 수미 씨의 이야기를 따라가고 있어요. 진짜 열심히 살아온 게 느껴집니다. 잠시 침묵이 흘렀던 것도 제가 수미 씨의 이야기 속으로 들어가 있어서 그런 거예요. 수미 씨가 말이 많은 게 아니라 그만큼 내 마음속 이야기를 꺼내 놓는 것이 필요한가 봅니다. 지금은 충분히 이야기하는 시간인걸요."

직접 만나는 공간에서도 침묵이 불편한 상황이 될 수 있는데, 각자의 공간에 있는 상황이라면 더 그럴 수 있다. 치료사는 '같은 공간에 있었다면 침묵의 이유를 설명하지 않아도 작은 눈짓, 끄덕임이나 짧은 반응소리 등으로 경청의 느낌이 전달되지 않았을까?'라는 생각을 아주 잠깐 했다. 아니면 같은 공간이 아니기 때문에 내담자의 비언어적 표정이나 몸짓, 소리에 대해서도 반응하고 있다는 것을 치료사가 친절하게 설명하며 언어로도 전달할 수 있어서 더 도움이 되는 것은 아닐까 싶기도 하다. 아무튼 노트북 너머에 있는 두 사람이 수미 씨의 'herstory'를 훑으며 교감한다.

치료사는 빗속의 사람을 그려 보자고 했다. 수미 씨는 예전 기억이 강렬해서 그때 그렸던 그림과 똑같이 그릴까 봐 망설여졌다. 치료사는 기억이 난다면 똑같이 그릴 수도 있겠지만, 그때의 수미 씨와 지금의 수미 씨는 같지 않을 거라고 했다. 수미 씨는 고개를 끄덕였다.

수미 씨는 연필, 지우개, A4 용지를 가지고 있다. 집에 있는 것들이라 준비하기에는 문제가 없었다. 하지만 책상과 항공 뷰 거치대를 미처 준비하지 못해 바닥에 놓고 그림을 그려야 하는 불편한 상

[그림 13] 종이에 그린 빗속의 사람[2]

[그림 14] 드로잉 앱에서 그린 빗속의 사람

황이 되었다. 그럼에도 수미 씨는 그림 그리는 과정을 치료사에게 보여 주고 싶었다. 한 손으로는 휴대폰을 들어서 보여 주고 한 손으로만 그림을 그리겠다고 하였다. 치료사는 그림 그리기에 불편한 자세이니 편하게 그림을 그리자고 했으나, 수미 씨는 어렵지 않으니 해 보겠다고 하였다.

거의 1~2분 안에 그림을 완성했다. 수미 씨는 자신이 원래 행동이 빠르다고 하였다. 다 그린 후에 휴대폰으로 사진을 찍어 수미 씨의 노트북에 전송하고 저장한 후에 화면 공유를 했다.

그림을 치료사와 같이 보았다. 비 웅덩이 위에 서 있는 여자([그

---

2) 치료사는 내담자가 보내 준 그림 사진을 보기 좋게 편집하지 않고 저장하였으며, 이 책에도 그대로 실었다.

림 13] 참조)를 그렸다. 너무 슬퍼서 우산 들 힘조차 없고 울고 있는 모습이라고 했다. 우산이 있는데도 펴지 않았다. 이 여자는 무기력하고 부정적인 생각이 많다고 하였다.

치료사는 누구를 그린 것인지 물었다. 수미 씨는 '나'라고 생각하지는 않았으나 무의식 중에 단발머리를 그린 걸 보니 '나'인가 싶다고 하였다. 이 사람은 비가 오는 날인데도 슬리퍼를 신고 있다. 운동화를 신으면 축축하고 다 젖는 것보다 아예 슬리퍼를 신는 게 더 낫기 때문이다.

치료사는 태블릿 PC에서 스케치북 드로잉 앱을 사용해서 똑같은 주제인 빗속의 사람을 그려 보자고 했다. 수미 씨는 "똑같이 그려요?"라고 물었고, 치료사는 원하는 대로 그리라고 했다.

이번에도 쓱쓱. 벌써 다 그렸다. 드로잉 앱에서 그리고 저장한 후 수미 씨의 노트북으로 전송했다. 그리고 치료사와 그림을 공유하였다.

이번에는 10대 남자를 그렸다([그림 14] 참조). 축구를 좋아하는 소년은 눈을 감고 있다. 체념해서 그렇단다. 우산은 가지고 있지만 찢어진 우산이어서 버려둔 것이다. 이 10대 남자아이는 "어, 비 오네? 다 맞아야겠다."라고 생각한다. 무기력하지만 씩씩하게 마음의 힘을 내려고 노력 중인 남자아이다. 이 아이는 공놀이를 좋아하고 운동을 잘한다.

그림 속 남자아이 이야기를 하다가 자연스럽게 수미 씨 자신을 지칭하는 1인칭으로 대화 시점이 바뀌었다. 수미 씨는 "나는 원래 운동을 좋아하고 에너지가 많다.", "내가 정말 하고 싶었던 것은 수

영선수다.", "수영할 때 행복하다.", "체육 선생님을 했으면 좋았을
것 같다.", "공으로 하는 운동은 다 잘했었다." 등 신이 나서 이야기
를 했다.

수미 씨는 같은 주제로 '빗속의 사람'을 다른 매체로 그렸을 뿐인
데 한 번은 '10대 남자아이'를 그리고 또 한 번은 '20대 여성'을 그렸
다. 무엇이 이런 차이를 만들었을까? 특별히 다른 성별을 그리라고
하지 않았는데도 성별도 다르고 나이도 다른 그림을 그렸다. 공통
점은 우산을 쓰지 않고 눈을 감고 있는 모습이다. 그러나 '10대 남자
아이' 그림에서 수미 씨가 진짜 잘하는 것과 좋아하는 것이 무엇인
지 드러났다. '수미다움'을 찾는 것이 은연중에 짧은 우리 만남의 목
표가 되었다. 심리 평가를 하고 굳이 치료 계획을 세우지 않아도 두
장의 그림이 '갈 길'을 자연스럽게 알려 주었다.

미술치료사의 Tip

- **내담자가 책상과 항공 뷰 스마트폰 거치대를 준비하지 못한 돌발 상황**
비대면 미술치료 첫 시간에 내담자는 작업할 수 있는 책상을 미처 준비
하지 못했다. 내담자는 방바닥에 놓고 그림을 그리겠다고 했다. 그림을
그리기에는 불편하니 언어로만 진행하려고 했으나 내담자는 바닥에
종이를 놓고 할 수 있다며 그림을 그렸다. 항공 뷰 스마트폰 거치대가
준비되지 않았음에도 불구하고, 미술치료사에게 그림 그리는 과정을
보여 주고 싶다며 한 손으로 스마트폰을 들고 다른 한 손으로는 그림을
그렸다.
이 상황은 잘 준비된 치료 세팅이 아니었지만, 넓은 의미로 내담자의 미

술 작업 과정을 보여 주었다. 자신의 불편함을 감수하면서까지 치료사의 입장을 먼저 고려하는 내담자의 상황 대처 방식과 문제 해결의 방법을 알 수 있었다. 내담자가 아버지를 만족시키고 싶다는 생각과 맞닿아 있지 않았을까?

비대면 미술치료에서는 내담자가 준비해야 하는 것들이 있다. 내담자의 책상 크기에 따라 종이 크기도 미리 고려해서 준비하도록 해야 한다. 항공 뷰 스마트폰 거치대 준비는 그림을 그리는 과정을 미술치료사가 보기 위함인데, 각도나 바닥으로부터의 거리를 맞춰야 잘 보인다.

항공 뷰(혹은 탑 뷰) 스마트폰 거치대가 아닐 경우, 그림을 바로 위에서 볼 수 없고 스마트폰이 비스듬한 각도로 세워지기 때문에 그림과 미술 작업 과정을 보기 어렵다.

미술치료를 시작하기 전에 책상 준비 여부, 책상 크기, 미술 재료 준비, 항공 뷰 스마트폰 거치대 거리, 각도 맞추기를 체크해야 회기 내에 부드럽게 진행될 수 있다. 그렇지 않을 경우, 이런 준비 때문에 시간이 많이 소비된다.

• 디지털 기기 대여

내담자는 비대면 미술치료를 위해서 태블릿 PC를 친구에게 빌렸다. 미술 작업한 것을 기기에 저장할 경우 암호화하고, 미술치료가 끝난 후에는 미술 작업 사진을 기기에서 삭제하고 내담자의 컴퓨터로 옮겨야 한다는 것을 고지하고 확인해야 한다.

2) 2회기

어떤 문제를 다루어 보고 싶은지 물어보는 치료사의 질문에 수미 씨는 예전 직장 이야기를 꺼냈다. 상사와 갈등이 있었다. 수미 씨가 늘 가지고 있는 스트레스 요인은 '남에게 잘 보이려는 노력'이다. 예전 직장 상사의 외모, 말투, 표정, 수미 씨에게 했던 말들 등 상사와 있었던 일에 대해서 하나씩 풀어냈다. 치료사는 수미 씨에게 '나와 상사의 관계'라는 주제를 가지고 한 장은 구체적인 모습으로 표현해 보고 또 한 장은 이미지로 표현해 보도록 했다.

수미 씨는 '스케치북' 드로잉 앱을 실행시켰다. 스케치북 드로잉 앱을 일주일간 끄적이며 연습해 보았기 때문에 어렵지 않게 시작했다. 스케치북 드로잉 앱 안에는 여러 가지 종류의 펜, 색이 있고, 펜의 굵기도 뾰족한 것부터 두꺼운 것까지 다양하고 심지어 파스텔, 물감 같은 기능도 있다. 이 기능, 저 기능을 터치해 보면서 시험 삼아 해 보다가 곧 터치펜을 사용하여 그림을 그렸다. 상사를 그릴 때에는 강하고 두꺼운 선인 '타투잉커'라는 펜을 선택했으며, 수미 씨를 표현하기 위해서는 타투잉커에 비해 상대적으로 약한 느낌을

[그림 15] 나와 상사의 관계(구체적 표현)

[그림 16] 나와 상사의 관계(이미지로 표현)

주기 위해서 '테크니컬' 펜을 선택해서 그렸다([그림 15] 참조).

이미지로 표현한 나와 상사의 관계 그림에서는 개와 고양이를 그렸다([그림 16] 참조). 말로 설명할 필요도 없이 앙숙이라고 했다. 고양이는 시크, 까칠한 모습의 상사고 부드럽고 귀여운 모습의 개는 수미 씨다.

'나와 상사의 관계'를 이미지로 표현해 보도록 한 그림에서는 첫 번째 그림에서 자신을 약한 모습으로 그리고 싶어서 선택했던 테크니컬 펜으로 상사인 고양이를 그렸고, 자신을 나타내는 개를 그릴 때에는 강한 상사를 그리고 싶다고 선택했던 타투잉커 펜으로 그렸다. 자신이 의도적으로 선택했던 재료가 두 번째 그림에서는 자신도 모르게 반대로 사용된 것이다. 수미 씨는 놀랐다. 무엇을 의미하는지 알 듯 말 듯하다. 직장 상사는 수미 씨의 그림자였던 것일까?

오늘 수미 씨는 그렇게 대하기 힘들어했던 직장 상사와 자신의 관계를 다른 관점에서 바라볼 수 있었다.

나를 괴롭히던 그는 상사가 아니라 나였을까?

3) 3회기

수미 씨는 퇴근길이 막혀서 집에 늦게 도착하게 될 것 같아 마음이 초조하다. 치료사에게 전화를 걸어 사정 이야기를 하며 이동 중에 줌 접속을 하여 만나는 것은 어떤지 물어보았다. 그러나 치료사는 안전하게 집에 도착한 후에 시작하기를 권유하였다. 집에 도착

하니 미술치료 시간에 40분 이상 늦어 버렸다. 회기 시간이 50분이라 10분 남짓한 시간 동안 현재의 기분을 이야기하고 헤어졌다.

미술치료사의 Tip

• 이동 중 비대면 미술치료 회기 접속 여부

비대면 만남에서 공간에 대한 자유가 생기다 보니 경계가 흐려지는 일이 종종 발생한다.

수미 씨는 미술치료 회기 시간에 늦게 되어서 집에 가는 길에 접속하여 만날 수 있는지 물어보았다. 접속은 가능하지만 이동 중이라면 주변 상황이 어수선하기 때문에 회기에 집중할 수 없거니와 회기 내용을 다른 사람이 들을 수 있어서 내담자의 상황이나 이야기가 보호를 받을 수 없다. 이어폰을 사용한다 하더라도 내담자가 오롯이 회기에 참여하는 환경이 아니어서 내담자뿐만 아니라 치료사도 집중하기 어렵다. 안전한 환경, 비대면 미술치료가 가능한 장소에서 회기가 진행되어야 한다는 것을 규칙으로 세워야 하겠다.

그렇다면 비대면 집단 미술치료에서라면 어떨까? 이동 중에 접속한 그룹원은 화상으로 참여하기는 어렵지만 다른 집단원의 이야기는 들을 수 있기도 하고 집단 회기의 흐름은 알 수 있기 때문에 이동 중의 접속을 허용할 수 있을까? 실제로 어느 집단원은 택시 안에서 이어폰을 끼고 비대면 집단 미술치료 회기에 처음 앞부분을 그렇게 참여한 경우가 있었다.

아니면 비대면 개인 미술치료와 같이 미술치료가 가능한 장소에서 회기 접속의 규칙을 똑같이 적용해야 할 것인가? 회기 시간의 어느 정도는 이동 중 접속을 허용하는 것은 비대면 만남이기에 가능한 상황이기 때문에 그 이점을 받아들여야 하는 것일까?

4) 4회기

오늘은 태블릿 PC에서 '그룹보드'라는 드로잉 앱을 사용해 보기로 했다.

이 앱에서는 여러 명이 동시에 접속하여 한 화면에 그림을 그릴수 있다. 비대면 미술치료에서 단절감을 극복하고 서로의 연결감을 더욱 강화시켜 줄 수 있는 좋은 앱이다. 정교하지 않은 것이 단점이지만, 내담자와 치료사가 같은 공간에 있지 않아도 같이 한 화면에서 그림 그리는 과정을 볼 수 있다. 치료사가 먼저 그룹보드에접속하여 수미 씨를 초대했다. 내담자가 자신의 이메일로 도착한링크 주소를 클릭하면 치료사와 한 화면에서 그림을 그릴 수 있게된다. 수미 씨와 치료사는 주제 없이 자유 주제로 서로 이어 그리기를 했다. 그림을 그리는 동안 이야기는 하지 않기로 했다. 수미 씨가 먼저 시작을 하고, 치료사는 수미 씨가 그린 후 그림을 이어서그렸다.

수미 씨는 자연의 풍경을 그려 갔다. 치료사는 수미 씨가 그린 자연물에 덧붙여 어울리거나 필요해 보이는 것들을 생각하며 그렸다. 수미 씨가 나무를 그리면 치료사는 땅을 그리고, 수미 씨가 구름을 그리면 옆에 다른 모양의 구름을 그렸다. 치료사는 수미 씨에게 지지를 해 주고 싶었다.

이 회기에서는 많은 이야기를 나누지는 않았지만, 함께 그림을그리면서 수미 씨의 퇴근 후 저녁 시간을 휴식의 시간으로 채웠다.

5) 5회기

수미 씨에게 '안전한 장소'는 어디일까? 수미 씨에게 가장 편안하고 자유로우며 안정감을 줄 수 있는 곳이 있을까?

8절지 종이와 크레파스를 준비하여 '안전한 장소'를 그려 보기로 했다([그림 17] 참조). 들판에서 자유롭게 뛰어가는 모습을 그린다. 수미 씨는 부모님 얘기를 꺼냈다. 부모님, 특히 아버지를 만족시켜 드리고 싶다는 마음이 있다. 적성과 맞지 않는 직장에서 서류 작업을 해야 하고 상사에게 보고해야 하는 일 자체도 버겁지만 권위적으로 '보이는' 남자 상사를 만족시켜야 한다는 압박감이 행동을 어색하게 한다는 것을 2회기 때 깨달았다.

안전한 장소 그림 속에는 수미 자신도 그려져 있었다. 수미 자신

[그림 17] 안전한 장소

의 기질과 타고난 성품, 성향, 좋아하는 것, 잘하는 것, 즐거워하는 일이 무엇인지 구체적으로 하나씩 이야기해 보았다. 수미 씨에게 안전한 장소는 물리적인 장소로서 존재하는 것이라기보다 '내가 제일 나다울 수 있는 환경'을 말하는 것이 아닐까?

수미 씨는 이 그림이 마음에 들었다. 방에서 가장 잘 보이는 곳에 붙여 놓기로 했다.

6) 6회기: 종결 그리고 출발

수미 씨에게 미술치료사가 보내 준 미술 재료가 도착했다. 선물을 받는 기분이다. 평소에 전혀 생각해 보지 않았던 재료들이 들어 있다. 이 재료를 사용하여 '혼자 있을 때, 아무도 의식하지 않는 나'와 '사회 속에서의 나'를 표현해 보았다.

같은 나인데 아주 다른 모습의 두 사람이 그림 속에서 나타났다. 가장 다른 점은 머리색과 눈이다. 혼자 있을 때는 눈을 크게 뜨고 있고, 사회 속에서 일을 할 때에는 눈을 감고 있는데 입은 웃고 있다. 사회 속의 '나'의 파란 머리는 우울한 모습을 표현한 것이다. 늘 컴퓨터 앞에서 서류에 둘러싸여 있기 때문이라고 했다. 아무도 의식하지 않는 '나'의 모습은 노란 머리에 무엇인가 호기심에 차고 재미있어하는 얼굴이다([그림 18] 참조). 수미 씨는 너무 다른 두 모습으로 살아가고 있다는 것을 발견하였다.

수미 씨는 이 작업을 가장 잘 볼 수 있도록 방에 걸려 있는 달력 위에 붙여 놓겠다고 하였다. 지난 시간에 그린 '안전한 장소'는 달력 아래 붙여 두고 내내 보고 있다. 오늘 만들어 본 작업도 늘 보면서 두 모습 사이의 간극을 줄이고 싶다. 그러고 보니 첫 시간에 그림 '빗속의 사람'에서 등장했던 20대 여성은 '사회에서의 나'와 닮아 있고, 이때 남자아이는 '아무도 의식하지 않을 때의 나'인 것만 같다.

수미 씨는 '나다움'을 되찾아야 한다는 것을 알게 된 것으로 미술치료를 마칠 수 있었고, '어떻게 찾을 것인가'라는 새로운 숙제를 안고 출발하게 되었다.

[그림 18] 아무도 의식하지 않는 나(좌)와 사회에서의 나(우)

미술치료사의 Tip

• 비대면 미술치료 회기 후 미술 작품 전시하기

비대면 미술치료가 끝난 후 작품이 마음에 드는 경우, 자신의 집 어딘가에 전시하고 싶을 때가 있다. 혼자 살고 있다면 원하는 위치에 놓거나 볼 수 있게 걸어 놓으면 되지만, 가족과 함께 산다면 가족의 반응이 어떨지에 대한 예측과 대처 방향을 함께 다루어야 한다.

수미 씨는 미술 작업을 더 잘 보기 위해 눈에 띄는 달력 위에 붙여 놓았지만, 배경에 있는 달력 숫자들 때문에 정작 미술 작품을 보는 데 시선이 방해를 받는다. 비대면 미술치료를 할 때 미술 작품 전시는 새롭게 떠오른 현상으로서 두 가지 측면에서 의미를 갖는다.

첫째, 수미 씨의 사례에서 본 것처럼 미술 작품을 어디에 놓고 전시하는지에 따라 치료사의 미술치료실에서 경험할 수 없는 내담자의 내면세계의 한 단면을 볼 수 있는 범위가 더 넓어졌다. 내면의 퍼즐 한 조각이 더 생긴 셈이다.

둘째, 내담자의 미술 작업 과정에서 '전시'가 포함되기 때문에 혼자 살고 있어서 방해가 없는 경우라도 미술 작업을 전시하는 곳이 어디인지, 왜 그곳에 놓고 싶은지도 세심하게 이야기를 나누면 좋겠다.

"나의 감정이 무엇인지" 알고 싶은 조이

I. 비대면 미술치료 구조

(1) 물리적 공간

① 내담자: 조이의 집 (배우자와 거주)

② 미술치료사: 자택 내 개인 공간

(2) 디지털 환경

줌 플랫폼

(3) 디지털 기기

① 내담자: 스마트폰, 항공 뷰 휴대폰 거치대

② 미술치료사: 카메라 내장 노트북

(4) 치료 구조

① 총 회기 수: 4회기

② 회기 시간: 남편 출근 후 오전 10시/70분

(5) 매체

① 전통적 미술 매체

- 내담자의 개인 미술 재료: 8절 도화지, A4 용지, 연필, 지우개, 풀, 가위, 나뭇잎
- 미술치료사가 보내 준 미술 재료: 동그란 종이, 여러 가지 색의 털실, 다양한 질감과 색을 가진 철사, 솔방울, 조개, 크레파스, 스팽글, 폼폼, 옥수수 플레이 콘

2. 비대면 미술치료를 시작하기 전

30대 후반의 여성 조이는 치료사가 거주하는 지역과 60여 km 정도 거리에 위치한 곳에 살고 있다. 오래 전에 미술치료를 우연히 경험해 보았고, 그 당시 그림을 그렸는데 그때 생각지 못한 자신의 모습이 있다는 것을 알게 되어서 적잖이 놀란 경험을 간직하고 있었다. 조이는 인터넷 검색 사이트를 통해 미술치료, 비대면으로 검색을 하였고 치료사의 블로그를 알게 되었다. 예전 기억을 가지고 미술치료를 받고 싶은 마음이 있었는데, COVID-19로 인해서 직접 만나는 것은 어렵고 지역이 멀어서 망설이고 있다가 비대면으로 미술치료를 시작하게 되었다.

첫 만남을 시작하기 전에 사전 체크할 내용([부록 3], [부록 4] 참조)을 이메일로 보내 주었다. 가지고 있는 디지털 기기, 인터넷 상황, 미술치료를 받을 장소 마련, 가지고 있는 미술 재료 등이 점검해야

할 사항들이었다.

조이는 스마트폰만 가지고 있었다. 물론 스마트폰으로도 화상 플랫폼에 접속할 수 있지만, 스마트폰은 화면이 작아서 답답하지 않을까 염려가 되었다. 치료사는 가로세로 30 × 20cm 크기의 노트북을 통해서 만나기 때문에 일반적으로 편안한 크기의 화면으로 조이를 볼 수 있지만, 조이는 스마트폰이라 가로세로 10 × 16cm 정도의 화면에서 치료사를 봐야 했다. 눈의 피로도가 클 것이라 예상이 되었다. 또 한 가지 우려되는 점은, 우리가 이야기를 나눌 때는 조이의 책상에 스마트폰을 세워서 놓아두고 만나지만, 미술 작업을 할 때는 조이가 다시 스마트폰을 거치대로 옮겨서 고정시킨 후 미술 작업을 하는 모습을 보여 주기 위해서 위치를 조정해야 했다.

그런 수고로움과 번거로움을 안고 시작하였다. 네 번의 비대면 미술치료를 하기로 계획하였고, 동의서를 이메일로 주고받았다.

3. 회기 과정

1) 1회기

첫 회기, 컴퓨터 화면을 통해서 조이를 처음 만났다. 조이는 사전 인터뷰에 '스스로 인지하지 못하는 내 감정과 생각 자세히 읽기'라고 미술치료에 대한 기대를 적었다. 치료사는 조이와 현재의 기분과 미술치료에 기대하는 바에 대해서 짧게 대화를 나누고 '빗속의 사람' 그림을 그려 보도록 했다. 조이는 1분도 채 안 되어 그림을 완성했다. 자신이 그림을 그리는 동안 치료사가 기다리는 것이 신경이 쓰여서 빨리 그렸다고 했다. 치료사는 이 시간은 조이의 시간이니 치료사를 의식하지 말고 충분히 그림을 그리고, 이 시간을 온전히 내 것으로 만들어 보자고 했다. 조이의 '빗속의 사람'([그림 19] 참조)은 그림을 다 그리고 난 후에 종이 왼쪽 아래에 작은 글씨로 '나'라고 쓴 것이 인상적이다.

조이는 그림을 그리는 동안 스마트폰을 거치대로 옮겨서 치료사가 그림 그리는 과정을 볼 수 있게 해 주었다. 스마트폰 위치를 잘 조정하여 그림 그리는 전 과정을 보여 줄 수 있도록 위치를 잘 잡아야 했다. 스마트폰 위치를 너무 위로 놓으면 거리가 멀어져서 그림이 잘 안 보였고, 너무 가까이 놓으면 종이가 한 화면에 다 보이지 않았다. 여러 번 시도 끝에 적당한 거리를 찾았다. 미술치료사에게 내담자의 그림 그리는 과정을 보는 것은 내담자의 마음을 눈으로 따라가는 것과 같기에, 번거로워도 이 과정은 필요하다.

이번에는 집, 나무, 사람을 그려 보았다. 집 그림([그림 20] 참조)은 자신이 노후에 살고 싶은 집이라고 했다. 그림을 다 그리고 작은 글씨로 '노후'라고 썼다. 나무 그림([그림 21] 참조)에는 나무 주변을 선으로 둘러싼 매우 큰 나무를 그리고 나무 옆에 작은 사람을 그렸다. 나무 옆에도 역시 '나'라고 썼다. 사람 그림([그림 22] 참조)에는 안경을 쓰고 책을 든 여자를 그리고 역시 '나'라고 쓰고 책에는 '책'이라고 썼다. 실제로 조이는 안경을 썼다. 치료사가 반대의 성, 남

자를 그려 보자고 하니 남편이라고 하며 남자를 그렸다([그림 23] 참
조). 조이의 그림에는 그림과 함께 대부분 자신이 무엇을 그렸는지
글자를 써넣었다. 종종 내담자들은 그림에 글자를 쓰는 경우가 있
어서 이유를 물어보곤 하는데, 대개 특별한 이유가 없거나 모르겠
다고 한다. 조이도 역시 그랬다. 이미지 옆 글자 삽입은 자신도 '알
수 없는' 불안을 다루기 위한 무의식적 노력이지 않을까? 빗속의 사
람도 '나'이고 사람 그림에서도 '나'인데, 아주 다른 모습이다. 사람
그림은 사회적인 상황에서 기능하는 나의 모습인데, 사회에서의
조이의 자아상은 경직되어 있기도 하고 이지적으로 보이기도 한
다. 편안한 모습은 아니다.

　나무 그림에서도 사람이 등장했는데, 여기에 그려진 사람은 더욱
다르다. 나무를 둘러싼 울타리 안에 사람을 그렸다. 저 사람은 어떤
사람인지 물어보자 나무를 돌보고 있다고 하였다. 저 나무는 언제
든지 누구나 쉴 수 있는 나무라고 했다. 치료사는 높은 울타리는 아
니지만 나무 주위에 선이 있어서 사람들이 들어가기에는 주저되지
않을까 물어보았다. 누구든지 쉴 수 있는 나무라고 이야기하였지
만, 그림에서는 누구든지 쉬기에는 나무 주위에 경계가 있다.

　조이와 그림에 대해서 이야기할 때는 스마트폰을 통해 한 장씩
그림을 보았지만, 총 5장의 그림을 놓고 비교하며 한눈에 보는 것
은 치료사에게는 불가능한 것이 아쉽다. 5장의 그림은 모두 조이인
데도 아주 다른 모습이었다. 치료사와 함께 5장의 그림을 볼 수 없
지만 조이에게 5장의 그림을 쭉 펼쳐 놓고 그림을 '보도록' 했다. 거
울을 보듯이 그림을 보면서 자신을 바라보는 연습을 하기를 권유

[그림 19] 빗속의 사람

[그림 20] 집

[그림 21] 나무

[그림 22] 사람(여성)

[그림 23] 사람(남성)

하며 회기를 마무리했다.

비대면 미술치료에서는 미술치료사가 통상적으로 해 오던 일을 내담자가 한다. 작업 사진을 찍는 일, 미술 작업물을 벽에 붙이거나 테이블에 잘 보이도록 놓는 일, 작업물을 저장하여 미술치료사와 이메일을 통해 공유하는 일, 줌에서 화면 공유를 해서 그림을 보여 주는 일, 미술 재료를 정리하는 일 등을 내담자가 다 해야 한다. 치료사는 조이가 기존의 치료사의 역할이라고 여겨졌던 일들을 하는 것을 지켜보며 불편하기도 하고 이 상황이 낯설기도 했다.

조이의 연필 그림이 필압이 낮고 그림 그리는 시간이 빨라서 에너지 수준 역시 떨어져 있는 상태라고 여겨졌으나, 자칫 귀찮을 수 있는 미술 작업과 관련된 일들을 하는 것을 보면서 조이에게 에너지가 충분히 있다는 것을 발견하였다.

2) 2회기

자기가 그린 그림을 바라보는 것은 내 마음을 바라보는 것과 같다. 내가 나를 볼 수 없기 때문에 타자화된 시선으로 나를 바라보는 것은 매우 중요하다.

지난 1회기에 그렸던 그림들을 일주일간 보았는지 물어보며 회기를 시작했다. 조이는 "별로 안 본 것 같아요."라고 이야기했다. 그 그림들을 가져와 볼 수 있냐고 했더니 남편이 이면지로 쓰기 위해서 가져간 것 같다고 했다.

오늘은 조이가 가지고 있던 물감과 색연필을 쓰기로 했다. 지난 시간에 사용했던 연필과 다른 속성의 미술 매체를 사용하는 것이 조이에게 필요하다고 판단했다. 물감은 연필에 비해서 통제성이 떨어진다. 물감으로 그린 그림은 수정하는 것이 연필보다 어렵고, 물을 사용하는 것이라 자기가 원하는 대로 자세하게 표현하기에 용이하지 않다. 그러나 물감은 색을 쓰는 것이라 정서가 충분히 표현될 수 있고, 물을 사용하고 그림을 그릴 때 붓이 지면에 닿는 느낌이 부드러워서 편안함과 이완을 경험할 수 있는 좋은 재료다.

조이는 그림 안에 글자를 포함시키는 것으로 보아 경직되어 있거나, 모호하거나 불확실한 상태를 통제하려는 욕구가 있고, 그림 그리는 시간이 짧아서 에너지 수준이 낮거나, 무언가를 수행할 때 외부적 요소든 내부적 요소든 심리적으로 방해 요소가 있는 것으로 보였다.

치료사는 조이의 마음을 물감으로 말랑말랑하게 하고 싶었다.

그리고 필요하면 물감보다 딱딱하지만 색을 표현할 수 있는 색연 필을 써도 좋다고 했다. 통제성이 강한 연필과 양극단에 있는 물감 사이에 있으면서 (조이에게) 안전지대 같은 색연필도 필요했다.

물감으로 8가지의 감정을 그려 보기로 했다. 슬픔, 두려움, 기쁨, 답답함, 분노, 우울, 뿌듯함, 편안함의 8가지 감정을 원하는 방식으 로 물감을 사용하여 한 종이에 4개의 감정을 표현해 보는 것으로 ([그림 24], [그림 25] 참조), 8절 종이를 4칸으로 나누어 접도록 하여 한 공간에 하나의 감정을 표현하는 것이다. 치료사가 감정을 불러 주면 조이가 원하는 공간에 그리는 것이다. 즉흥적으로 떠오르는 이미지, 상황, 생각 등 원하는 대로 2분의 시간 안에 표현하면 된 다. 치료사는 시간에 방해받지 않도록 미리 어느 정도 시간이 남았 는지 말해 주기로 했다.

첫 번째로 슬픔을 불러 주었다. 조이는 오른쪽의 하단 공간에 파 란색과 검정색을 섞어서 아래서부터 한 겹 한 겹 쌓듯이 선으로 그려 나갔으며, 3/4 정도 공간이 남아 있을 때 조금 더 밝은 파란색으로 한 줄, 보라색 계통의 색으로 나머지 공간을 채웠다. 그리고 아래쪽부터 다시 검정색으로 1/3 정도 공간을 덮듯이 더 칠했고, 나머지 비어 있 던 공간은 조금씩 짧은 터치로 덧칠하며 모든 공간을 꽉 채웠다.

조이는 연필로 그릴 때와 매우 다른 모습을 보여 주었다. 집중 하는 것이 보였고, 충분히 그 감정에 머무르듯이 몰입해서 그려 나 갔다. 치료사는 2분의 시간을 주기로 했으나, 조이가 그리는 것을 보면서 멈추게 하고 싶지 않아 2분의 시간을 넘겼지만 이야기하지 않았다.

[그림 24] (종이의 왼쪽 위부터 시계 방향으로) 답답함, 기쁨, 슬픔, 두려움

[그림 25] (종이의 왼쪽 위부터 시계 방향으로) 분노, 뿌듯함, 편안함, 우울

두 번째 감정은 두려움이다. 조이는 나머지 두 개의 감정이 밝은 감정인지 물어보았다. 어떤 감정인지에 따라 두려움의 위치를 어디에 그릴 것인지 정하고 싶다는 것이었다. 조이는 자신에게 두려움도 슬픔과 비슷한 감정이라고 하였다. 슬픔은 듣자마자 바로 시작한 것에 비해 두려움이라는 감정은 바로 시작하지 못하고 있다가 슬픔 옆 칸에 검정색으로 달팽이 모양의 나선형으로 원을 그렸다. 두려움은 그렇게 금방 끝났다.

세 번째는 기쁨이다. 노란색으로 슬픔 위 공간에 사선으로 표현하였다. 하늘색, 분홍색으로 칠하고 노란 색연필로 빈 공간을 채웠다.

그다음은 답답함이다. 남은 공간인 왼쪽 위 공간에 진한 남색으로 중간에 직사각형을 그리고, 검정색으로 진하게 남색의 직사각형을 감쌌다.

이제 나머지 4개의 감정은 새 종이에 다시 시작하여 그린다.

이번에는 분노다. 크게 망설이지 않고 왼쪽 위 공간에 붉은 색으로 불을 그렸다.

그다음 여섯 번째 감정은 우울이다. 분노 아래 공간에 물을 많이 섞은 파란색으로 물결 모양을 두 개 그렸다. 그리고 그 위에 검정색으로 물결을 더 그렸다.

이제 뿌듯함이다. 오른쪽 위 공간에 색연필로 노란색, 주황색, 빨간색, 연두색으로 꽃을 그렸다.

마지막은 편안한 감정으로 마무리하였다. 오른쪽 아래 칸이 남았다. 그곳을 흰색 물감으로 칠했다. 조이는 자기가 흰색으로 칠하고 있다고 이야기하였다. 아무래도 기기를 통해서 보고 있으니 치료사가 흰 종이에 흰색으로 칠하는 것이 안 보일까 봐 이야기를 해 주는 것이다.

다 끝난 후에 치료사는 조이에게 이 시간이 감정에 몰입할 수 있는 기회가 될 것 같아 2분의 시간으로 제한을 두었으나 충분히 머무르게 하고 싶어서 시간 설정을 하지 않았다고 말해 주었다. 조이는 그 이야기를 듣고 시작 전에 시간을 알려 준다고 해서 치료사를 믿었고, 그림을 그리는 중간에도 충분히 시간이 지난 것 같은데도 이야기를 하지 않는다고 생각했다고 말했다. 조이는 색이 있어서 좋았고 평소 느끼던 감정을 되돌아보게 되었다고 하였다.

내가 느끼는 감정대로 표현이 잘 되었다고 생각되는 감정은 무엇인지 물어보았을 때 편안함과 슬픔이라고 하였다. 특히 슬픔의 이미지는 금방 떠올랐다고 하였다.

표현하기에 어렵게 느껴지는 감정은 두려움이었다. 20대 때 가진 게 없고 세상에 대항할 자본이 없었다고 느꼈던 시절이 생각나서 휘몰아치는 것 같은 감정과 혼란스러움을 그렸다고 하였다. 조이는 이 감정들이 다 살면서 느껴 봤던 감정이었다고 하며, 이번 미술 작업이 마음에 든다고 하였다. 답답함이란 감정은 힘들게 느껴졌다. 두려움과 비슷한데 헤쳐 나갈 수 있는 방법이 없다고 생각했을 때 답답한 감정을 많이 경험했고, 그 느낌이 참 싫었다고 하였다.

조이에게 20대의 시절은 강하게 남아 있었다. 20대를 생각하면 분노 감정이 같이 떠오른다고 하였다. 뭔가 해내야 했고 치열하게 살아야 했기에 늘 분노가 있었다.

조이에게는 답답함, 슬픔, 우울함을 표현할 때 사용했던 색이 비슷했다.

기쁨, 뿌듯함을 표현할 때 재료가 바뀌었다. 색연필을 쓴 것이다. 가볍게 표현하고 싶었다고 하였다. 조이에게 물감은 선이 굵게 나와서 '저지르는 느낌'이라고 했다. 그리고 색연필은 수정은 어렵지만 색이 더 다양하고 많아서 기쁨, 뿌듯함을 표현하기에 적합하다고 했다. 조이가 가지고 있는 색연필은 FABER CASTELL 상표의 48색이 들어 있다. 색연필은 물감에 비해 이미 만들어진 색이 많아서 눈을 즐겁게 했기 때문에 긍정적인 감정을 표현하기에 좋았다는 것이다.

뿌듯함은 섬세하게 그리고 싶어서 색연필을 사용했다. 자신이 이룬 성과, 결과물을 이뤘을 때 뿌듯함을 느낀다고 했다. 뿌듯함을 주는 결과물을 내기 위해서는 자신을 조절하고 통제하는 것이 필요했기 때문에 섬세함을 표현할 수 있는 색연필이 적절했던 것이다. 붓으로는 섬세한 것을 그리는 것이 어렵기 때문이다.

물감의 '저지르는 느낌'은 어떤 느낌인지 물어보았다. 화를 내는 것처럼 '감정을 표현한다'는 것을 의미한다고 하였다. 조이는 감정이 생기면 저지르지 않기 위해서 참는 것이 익숙한가 보다.

8가지 감정을 하나하나 살펴본 후, 이번에는 8가지 감정의 그림을 '보도록' 하였다. '슬픔'이라는 감정을 보는 데 시간을 많이 썼다. 슬픔에 익숙해서 그런 것 같다고 했다. 슬픔을 그릴 때 이미 답답함, 우울, 분노를 많이 표현해 놓아서 그 감정들을 그릴 때는 비슷한 감정이라 빨리 그렸던 것 같다고 하였다.

조이에게 연필과 물감이라는 재료의 속성에 대해서 간단히 이야기하면서 물감으로 감정을 많이 그려 보면 좋겠다고 권유했다. 풀어낼 감정이 많이 있는데 참고 있지는 않은지 조심스럽게 이야기하였다. 조이는 곧 "제가 연필처럼 살고 있으니까요?", "물감으로 무의식을 표현할 수 있다는 거죠?"라고 하였다. 미술 매체가 가르쳐 준 것이다.

조이는 어릴 때 미술학원에 다니지 않았는데도 물감으로 그림을 잘 그렸다. 미술 시간에 4~5시간 동안 그림을 그렸다고 하였다. 교실 뒤 벽에 그림 전시도 많이 했고 미술 시간이 재미있었다고 하였다. 그림을 그리는 일은 혼자서 하는 일이고 방해받지 않아서 좋았다고 하면서 어린 시절 이야기를 꺼내었다. 조이는 반장이어서 떠드는 아이를 칠판에 적고 반 아이들을 통제하는 일을 했는데, 아주 심한 욕을 친구들한테 했다고 하였다. 부모님이 싸우시면서 욕을 많이 하셔서 자신도 똑같이 따라 한 것 같다고 하였다.

가정환경 때문에 늘 답답했던 조이에게 미술 시간은 마음을 달래며 감정을 추스를 수 있는 시간이었는데, 아주 오랜만에 다시 그 시간이 된 것 같다. 이번에는 내 얘기를 들어 주는 사람과 함께.

3) 3회기

이번 회기에서는 '나'를 주제로 생각해 보고 그림을 그려 보기로 했다. 재료는 연필이다. 다시 연필이다. 사람들과 있을 때의 나, 혼자 있을 때의 나를 그려 보도록 했다.

[그림 26] 사람들과 있을 때의 나

[그림 27] 혼자 있을 때의 나

[그림 28] 일할 때의 나

사람들과 있을 때의 '나'([그림 26] 참조) 그림에는 요가하던 친구들과 함께 이야기하는 모습을 그렸다. COVID-19로 인해 요가 활동이 중단되어서 그 친구들이 그립다고 했다. 그 친구들과 있을 때 참 좋다고 하였다.

혼자 있을 때의 '나' 그림([그림 27] 참조)을 그릴 때는 '내 기분은 어떻지?'를 생각하면서 그렸다고 했다. 무엇인가를 생각하는 모습이라고 하였다. 미래에 대한 생각, 관심 분야, 지금 하고 있는 공부 등등의 생각들을 하고 있는 모습이다.

그림에서 사람들과 있을 때와 혼자 있을 때의 모습이 어떻게 다른지 찾아보자고 하였다. 사람들과 있을 때 조이는 어떤 말이든 수용을 하려고 하고 웃는 표정이라고 했고, 혼자 있을 때는 '객관적인 표정'이라고 하였다.

가장 다른 점은 자신의 크기라고 하였다. 혼자 있을 때는 자기를 크게 그렸고 사람들과 있을 때에는 나를 돋보이게 해야겠다는 생각이 없어서 작게 그린 것이라고 하였다. 그런데 그림의 중심에 그려진 것을 보니 친구들을 관찰하고 있는 것은 아닌지 모르겠다. 조이는 항상 남의 이야기를 들어 주고 궁금해하기 때문이란다. '객관적인 표정'은 어떤 표정인지 다시 물어보자 감정이 없는 표정이라고 하였다.

그렇다면 사회에서 활동할 때, 일을 할 때 조이의 모습([그림 28] 참조)은 어떤지 물어보았다. 혼자 있을 때 모습과 비슷하다고 하였다. 그림으로 그려 보도록 했는데, 정작 그림에서는 말로 묘사한 자신의 모습과 다른 모습이다. 일할 때 모습을 보니 입은 살짝 웃고 있는 듯하지만 쌍꺼풀도 없고 눈동자 색이 칠해져 있지 않다.

조이가 놀란다. 일할 때 자신이 사회적 가면을 쓰고 있을 수 있겠다는 생각이 스쳤다.

조이에게 오늘 회기는 그림을 통해서 '나'에 대해 생각해 볼 수 있는 시간이기도 했지만 짜증스럽기도 했다. 그림을 보는 것이 어려웠기 때문이다.

그림을 그리는 과정에서 얻는 즐거움도 있지만 그림 자체가 주는 메시지가 있다. 그림이 말하는 것을 듣기 위해서는 보아야 한다. 조이가 느낀 짜증스러움은 조이의 저항이었을까, 아니면 치료사가 조이의 저항을 잘 다룬 것인가? 1회기 때 그린 그림은 이면지로 쓰이지 않았는가?

그림이 주는 통찰 뒤에는 조이의 짜증스러움도 같이 존재했지만, 조이와 치료사는 이 묵직한 감정까지 수면 위에 올려놓고 건너내며 회기를 마쳤다.

4) 4회기

마지막 회기이다.

조이는 연필로 그린 그림은 잘 안 보게 되는 반면, 물감으로 그린 그림은 평소에도 잘 보게 된다. 지난 회기에 감정에 대해서 치료사가 물어보는 과정이 좀 짜증스러웠다. 그리고 보니 학교에서 언어상담 프로그램을 하다 조기 종결을 했는데 왜 그랬는지 알 것 같기도 하다. 감정을 말하는 것이 익숙지 않았고 할 얘기가 없었다. 그래도 뭔가 말하지 못한 것이 있는 것 같아서 미술치료를 받아 보려고 알아보지 않았던가? '내가 너무 센 척하면서 살고 있는 것은 아닐까?'라고 생각하기도 했다.

오늘 마지막 회기에서는 이야기를 하기보다 미술 작업을 하면서 마무리를 해 보기로 했다. 치료사는 조이가 준비하기 어려운 매체를 중심으로 질감이 있고 도톰한 동그란 종이, 여러 가지 색의 털실, 다양한 색의 철사, 솔방울, 조개, 크레파스, 스팽글, 폼폼, 옥수수 플레이 콘을 준비해서 택배로 보내 주었다. 치료사는 동그란 종이 중앙에 스마일 스티커를 살짝 붙여서 보냈다. 스티커 풀이 강하지 않아서 원하지 않으면 뗄 수도 있고 뒷면을 사용해도 된다고 말해 주었다. 스마일 스티커를 붙인 것은 조이가 받았을 때 기분을 즐겁게 해 주고 싶은 치료사의 마음이었다. 오늘은 아무 주제 없이 조이가 원하는 미술 작업으로 종결을 하려고 한다.

조이가 가지고 있는 재료, 치료사가 보내 준 재료 그리고 지금까지 그렸던 그림들도 필요하다면 사용해 보도록 했다. 조이는 스마일 스티커를 그냥 두기로 했다.

미술 작업을 시작하자마자 슬픔을 그렸던 감정 그림을 하트 모양으로 오렸다. 뿌듯한 감정에서 그렸던 꽃들도 오렸다. 슬픔에서 나온 하트를 동그란 종이의 중앙 위에 붙였다. 그리고 조이가 집에 가지고 있던 조화나뭇잎과 치료사가 보내 준 솔방울을 붙인 뒤 하트와 탯줄처럼 연결시켰다([그림 29] 참조).

조이는 바다, 물을 좋아해서 조개라는 재료가 좋았다. 조개는 죽었는데도 예쁜 모습을 가지고 있어서 착한 애인 것 같다고 생각했다.

"조개가 시체인데도 예뻐요."

조이는 매우 열중해서 미술 작업을 했다. 치료사가 보내 준 재료들을 다 조금씩 사용했다. 제목은 다채롭고 이쁘게 보여서 '나의 꿈'으로 정했다.

미술 작업을 하면서 든 생각이다. '슬픔'이 나쁘지만은 않으며, 슬픔을 알아야 남을 이해할 수 있어서 그 감정을 부정적으로 여길 필요는 없겠다는 생각이 들었다.

조이에게 꿈이 무엇인지 물어보았다. 조이는 "쾌활했던 어린 시절에 꾸었던 꿈"이라고 답하였다.

작업을 보면서 떠오르는 단어들이 있는지 묻자, '행복, 예쁘다, 즐거움, 여리다, 쓸쓸함, 희망, 어린 여자아이'가 떠오른다고 하였다. 이 감정들은 어린 시절에 느꼈던 감정들이라고 하였다.

조이는 작업을 하면서 소중했던 어린 시절의 내가 떠올랐고 지켜 주고 싶었다. 그 아이는 소중했던 사람인데, 스스로도 소중하게 여기지 못했고 대접을 받지도 못했다는 생각이 들었다. 그래서인지 어린 시절에 대한 아쉬움이 많은 것 같다고 하였다.

조이는 미술 작업을 하는 동안 어린아이가 되어서 그때 마땅히 꾸었어야 하는 꿈을 꾸고 지금-여기로 돌아왔다. 미해결된 과제를 풀고 온 느낌이다. 사람은 해결되지 못했거나 충족되지 않은 욕구를 넘어서지 않고는 다음 단계로 갈 수 없는 모양이다.

[그림 29] 나의 꿈

미술치료사의 Tip

• 준비된 디지털 기기가 스마트폰 한 대인 경우

미술치료사, 미술 작업, 내담자의 삼각 구도의 치료적 기제가 방해를 받게 된다. 내담자가 스마트폰 한 대만 있을 경우, 미술치료사와 이야기를 할 때나 미술 작업을 할 때 내담자가 계속 스마트폰의 위치를 바꿔 주어야 한다.

그런데 미술치료사와 내담자가 미술 작품을 같이 보면서 이야기를 할 경우에 화면 공유를 하지 않는다면 삼자(미술치료사, 내담자, 미술 작업) 대화가 불가능하다. 미술 작업을 보면서 이야기를 하는 것은 동시에 일어나는 현상이기 때문에, 내담자가 계속 스마트폰의 위치를 바꾸는 것은 어렵다. 스마트폰으로 미술 작업 공유에 고정시켜 놓고 이야기를 나눌 경우, 내담자는 미술치료사를 화면으로 보고 자신의 실물 미술 작업을 보면서 이야기를 하게 된다. 하지만 미술치료사는 화면으로 미술 작업을 보더라도 내담자를 보지 못한 상태에서 오디오로만 내담자의 이야기를 듣게 되어 내담자의 얼굴을 못 보는 것 때문에 답답함이 있다.

미술 작업을 보면서 이야기를 나누는 시간이 길어지고 중요한 회기라면, 내담자가 미술 작업을 사진으로 찍어서 화면 공유를 하는 것이 좋다.

스트레스 완화를 위한 직장인 집단

1. 회기 개요

(1) 주제

직장인 대상 스트레스 완화를 위한 비대면 집단 미술치료

(2) 집단원

비대면 집단 미술치료에 자발적 참여 의사를 밝힌 직장인 5명

(3) 미술치료사

주 치료사 1명과 보조 치료사 2명

(4) 치료 구조

① 회기별 주제와 사용한 매체의 종류

- 1회기: DAPR, 전통적 매체와 디지털 매체
- 2회기: 감정 표현하기, 전통적 매체
- 3회기: 사회에서의 나와 혼자 있을 때의 나, 전통적 매체
- 4회기: 나에게 편안함을 주는 것, 디지털 매체
- 5회기: 있는 그대로의 나, 디지털 매체

• 6회기: 통합 작업과 DAPR, 전통적 매체와 디지털 매체

② 회기 시간: 저녁 8시/100분

2. 사전 준비

1) 회기 준비물과 준비 과정

비대면 집단 미술치료를 위해서는 디지털 기기와 미술 매체 구비, 온라인 화상 플랫폼과 디지털 드로잉 앱 설치가 선행되어야 한다. 이러한 사전 준비에 대하여 집단원 모집 공고 및 회기 전 안내문 발송 시 미리 안내하였는데, 구체적인 내용은 다음과 같다.

(1) 디지털 기기

카메라가 내장되어 있거나 별도 설치된 노트북 또는 데스크톱 컴퓨터, 디지털 미술 매체를 사용할 태블릿 PC(아이패드 혹은 갤럭시탭), 미술 작업 과정의 영상 송출을 위한 휴대폰과 휴대폰을 고정할 항공 뷰 거치대를 준비하도록 하였다.

(2) 화상 플랫폼

노트북 또는 데스크톱 PC, 휴대폰에 줌을 설치하도록 하였다.

(3) 전통적 미술 매체

① 미술 재료 키트: 회기 전 모든 집단원에게 전통적 미술 매체로 구성된 키트를 택배로 보내 주었다([그림 30] 참조). 키트에는 여섯 회기 동안 사용할 재료들, 즉 18cm 원형 캔버스 2개, 5가지 감정 시트, 12색 오일 파스텔, 천사점토 70g, 순간접착제, 스티커, 스팽글, 깃털, 노끈 등의 꾸미기 재료가 포함되었다.

② 그 외 개인이 갖고 있는 미술 재료

(4) 디지털 미술 매체

집단원들에게 각자의 태블릿 PC에 디지털 미술 매체로 사용할 드로잉 앱을 설치하도록 하였다.

[그림 30] 집단원들에게 제공한 미술 재료 키트

2) 동의서

첫 회기가 시작되기 전에 집단원들에게 미리 〈비대면 미술치료 동의서〉를 휴대폰 문자로 보내 주었고, 회기 시작 시 치료사가 직접 내용을 설명하고 서명하도록 한 후 이메일로 회수하였다.

3) 치료사 구성

본 비대면 집단 미술치료 회기에 참여한 치료사는 총 세 명이었다. 한 명은 주 치료사로서 회기 진행을 담당하였고, 다른 한 명은 회기의 관찰자로서 회기의 기록과 작업물에 대한 사진 취합 등 회기를 지원하는 역할을 하였으며(보조 치료사 I) 회기 진행 과정에서는 카메라를 끄고 참여하였다. 나머지 한 명은 직접 집단원으로 참여하여 비대면 미술치료 과정을 내담자 입장에서 경험하고 나누는 촉진자 역할을 하였다(보조 치료사 II). 이러한 치료사 구성과 역할에 대해서는 첫 회기 시작 전에 모든 집단원에게 알려 주었다. 세 명의 치료사들은 매 회기가 끝난 후, 그 날의 회기 진행과 내담자 역동, 디지털 기기와 화상 프로그램 활용, 추후 비대면 회기에서 개선할 점 등에 대해 논의하였다.

4) 집단원 구성

참여한 집단원은 서울과 경기도에 거주하고 있는 5명의 직장인들로, 성별은 모두 여성이었다. 나이는 20~60대였고, 결혼 상태는 3명은 기혼, 2명은 미혼이었으며, 직업은 사무직과 교육직, 전문직이었다.

3. 회기 과정

1) 1회기: DAPR(Draw A Person in the Rain)

(1) 회기 진행

회기 시작 시 치료사는 집단원들의 디지털 기기와 온라인 연결 상태, 컴퓨터와 휴대폰의 카메라 각도, 스피커 볼륨 등을 체크하고, 비대면 미술치료 환경이 안정적으로 조성될 수 있도록 점검하였다. 본격적인 치료에 앞서 집단원들에게 비대면 집단 미술치료를 시행하게 된 취지, 진행 과정과 동의서 내용에 대해 설명하였다. 그 후 치료사는 집단원들에게 한명씩 자기소개를 하여 서로 안면을 트도록 하였고, 새로운 치료방식인 비대면 집단 미술치료에 대한 생각과 기대하는 바 등 회기에 대해 하고 싶은 이야기가 있다면 자유롭게 나누도록 하였다.

1회기 주제는 전통적 매체와 디지털 매체를 이용한 두 가지 버전의 DAPR(Draw A Person in the Rain)이었다. 치료사는 집단원들에게 전통적 매체(A4 용지, 연필, 지우개)와 디지털 매체(태블릿 PC를 사용한 드로잉 앱)를 이용하여 빗속의 사람 그림을 하나씩 그리도록 하였고, 다 그린 후에는 각 작업물에 대해 한 명씩 이야기하고 나누는 시간을 가졌다. 작업 시간은 각 10분씩 총 20분으로, 나눔의 시간은 40분으로 하였다. 회기를 마무리하면서 다음 일정과 준비물에 대해 공지하고, 각자 작업물의 사진을 찍어 치료사 메일로 보내도록 안내하였다.

(2) 보조 치료사 I의 시선: 관찰자 입장

DAPR 작업에서 집단원들은 전통적 매체는 모두 잘 다루었으나, 디지털 매체를 사용할 때에는 태블릿 PC 혹은 앱 사용의 숙련도에 따라 무난하게 작업하기도 하고 어려워하기도 하였다. 치료사는 휴대폰으로 전송되는 영상을 통하여 집단원들의 작업 과정을 대체로 잘 관찰할 수 있었는데, 때로 태블릿 표면이 형광등 빛에 반사되거나 그림자가 져 관찰이 어렵기도 하였고, 온라인 시스템 불안정으로 인해 화면이 잠시 멈추는 경우도 있었다. 또한 집단원이 작업에 몰두하여 종이를 이리저리 돌리거나 태블릿 PC를 들어 카메라 앵글에서 벗어나기도 하였다. 이렇게 비대면 회기에서는 대면 회기에 비해 내담자의 작업 과정 관찰이 어려울 수 있으므로, 휴대폰의 항공 뷰 거치대는 내담자가 주로 사용하는 손의 반대쪽 상부에 설치함으로써 그림자의 영향을 최소화하고, 작업 공간이 충분히 촬영될 수 있도록 어느 정도 거리를 두는 것이 좋을 거라는 생각이 들었다.

회기 중 관찰된 집단원들의 반응을 살펴보면, A는 회기 시작 시 "요즘 너무 마음이 아파서 참여하게 되었어요. 왜 그럴까 제 마음을 알고 싶어요……. 누군가 내 아픔을 토닥토닥해 줬으면 좋겠어요."라며, 현재 자신이 처한 어려움을 개방하면서 비대면 집단 미술치료를 통하여 심리적 안정에 도움받기를 기대하는 모습이었다.

B는 DAPR 작업에서 종이에 그린 빗속의 사람은 어깨에 비를 맞

고 있는 반면, 바로 이어서 작업한 태블릿 PC에서는 "비를 맞고 있는 게 싫어서 우비와 장화를 신고 있는 걸 그렸어요."라고 하여, 한 회기에 그린 동일한 주제에 대해 작업의 순서나 매체에 따라 그림의 내용이 달라지는 모습이 관찰되었다. 첫 작업에서 현재의 자신의 모습이 투사되었다면, 두 번째 작업에서는 첫 번째 그림에서 나타난 결핍을 보완하고 자신을 보호해 주는 자기돌봄의 과정이 일어났다고 생각되었다.

D는 "종이에 비해 아이패드에서는 비의 굵기도 다르게 표현할 수 있고, 줌 인을 해서 더 크게 볼 수도 있고, 다른 요소들을 사용할 수 있어서 더 편하고 자유롭게 사용했어요. 그런데 미술치료에서는 지우개를 사용하는 것도 의미가 있는데, 디지털 기기에서는 뒤로 가기를 해서 지운 흔적 없이 지워져서 그런 효과는 없는 것 같아요."라고 하여, 전통적 매체와 디지털 매체의 차이와 아쉬움에 대해 언급하는 모습이었다.

집단원 A, B, D의 DAPR 그림은 6회기 미술치료 종결 후 재실시한 DAPR 그림과 함께 이 챕터의 마지막 부분에 실려 있다.

(3) 보조 치료사 II의 시선: 집단원 입장

첫 회기에서는 일부 집단원들이 줌과 태블릿 PC의 조작에 미숙하고 마이크 사용 및 앱을 설치하고 조작하는 것에 어려움을 경험하였다. 대면 미술치료에서의 1회기보다 더 분주하고 시간이 빨리 흘러간다는 인상을 받았다. 그럼에도 집단원들 간에 서로 어려움을 해결할 수 있도록 충분히 기다려 주거나, 자신의 해결 방식을 공유하고 도우며 집단원들 사이에 응집력이 자연스럽게 생겨나는 것이 흥미로웠다.

내가 모니터의 화면을 보지 않고 고개를 숙인 상태로 미술 작업을 할 때는 마치 개인적 공간에서 혼자 그림을 그리는 것 같은 느낌이 들기도 했다. 평소 대면으로 이루어지는 세션이나 집단 미술 작업 과정에서는 내가 아무리 작업에 집중해도 나의 시야에 주변 다른 사람들의 작업하는 움직임이나 테이블에 재료가 닿을 때 들리는 소리가 전해지게 되어 다른 사람들이 어떤 작업을 하고 있는지를 고개를 들어 자연스럽게 관찰하기도 했다. 그러나 이번 회기 중에는 집단원들이 줌에서의 음 소거 기능을 활성화하여 각자의 미술 작업에서 만들어지는 소리가 전혀 들리지 않았다. 그래서 내가 고개를 들어 의식적으로 화면을 보지 않는 이상 다른 집단원들의 작업을 살펴보기에 어려움이 있었다. 아마 첫 회기이기에 경험하게 되는 긴장감으로 시야가 좁아져 있었기 때문이라고 생각한다.

처음에는 음 소거를 하지 않아, 작업 중에 나도 모르게 무의식적으로 나온 혼잣말이 집단원과 미술치료사에게 크게 들리는 것 같아 다른 사람들을 방해하는 것은 아닐까 하는 우려에 최대한 소리를 내지 않으려 의식하며 작업하였다.

대면 집단 미술치료 회기에서는 멀리 위치한 다른 집단원의 이미지를 가까이 두고 오랫동안 자세히 보기 어려울 때가 많았다. 그러나 비대면 미술치료에서는 완성된 이미지를 화면 공유 기능을 활용하여 보여 주어서 이미지를 더 자세히 오래 볼 수 있다는 장점도 발견하였다.

2) 2회기: 다섯 가지 감정 표현하기

(1) 회기 진행

이번 회기의 주제는 두려움, 슬픔, 즐거움, 화남, 뿌듯함의 다섯 가지 감정 표현하기로, 매체는 사전에 키트로 제공한 다섯 장의 감정 시트와 꾸미기 재료 그리고 개인이 가지고 있는 재료를 사용하도록 하였다. 제시된 다섯 가지 감정이 일어났던 적이 있었는지, 그때가 언제였는지, 무엇을 했을 때 혹은 누구와 있었을 때였는지, 그때 어떤 반응을 하였는지에 대해 떠올리고 미술 매체를 통하여 표현하도록 하였다. 작업 후 집단원들은 한 명씩 자신의 작업물을 소개하는 나눔의 시간을 가졌고, 다섯 가지 감정 소개 순서는 각자 원하는 대로 정하도록 하였다.

(2) 보조 치료사 I의 시선: 관찰자 입장[3]

나눔의 시간에 B는 두려움 → 즐거움 → 슬픔 → 화남 → 뿌듯함 순서로 발표하였다. 두려웠던 순간은 특별한 사건은 떠오르지 않으나, 예상치 않게 우연히 일어나는 일들이 두렵다고 하였다. 즐거웠던 순간은 자갈이 있는 바닷가에서 배우자와 함께 보냈던 순간으로 그때의 시원한 느낌이 떠올랐다고 하였고, 그리는 동안 마치 그때로 돌아간 것 같아 재미있었다고 하였다. 슬펐던 순간은 건강이 나빠져 병원에 입원하게 된 가족을 면회할 때였다고 하였으며,

---

3) 보조치료사 1의 시선: 관찰자 입장의 내용은 발표한 순서대로 실었다.

화났던 순간은 구체적으로 떠오르지 않으나 화가 날 때 자주 쓰는 이모티콘이 생각나 그것을 그렸다고 하였다. 마지막으로, 뿌듯한 순간은 그날 해야 할 일을 마무리 지어 나갈 때라고 하였다. B는 오늘 작업을 하면서 생각해 보니 최근에 이모티콘을 별로 쓰지 않고 지낸다는 것을 알게 되었다고 하면서, 감정이 점점 무뎌지는 것 같다고 하였다.

A는 행복 → 두려움 → 슬픔 → 화남 → 뿌듯함 순으로 발표하였다. 행복했던 순간으로는 시골에서 친정어머니와 함께 김장을 하고 호박떡을 만들어 먹던 때라고 하였다. 하지만 5년 전에 어머니가 돌아가셔서 더 이상 어머니의 목소리를 듣지 못하게 된 후 그때의 행복했던 기억이 두려움으로 변하였다고 하였다. 슬펐던 순간은 자녀가 교통사고를 당했을 때로, 바닷가에 가서 실컷 울고 싶은 심정이었다고 하였다. 그리고 그러한 자신의 어려운 상황을 알고 있던 친구가 위로를 해 주기는커녕 자기 자랑만 늘어놓았을 때 화가 났다고 하면서, 활활 타오르는 나무와 화가 터지듯 석류가 터지는 이미지로 분노를 표현하였다고 하였다. 뿌듯했던 순간은 결혼 후 조금씩 돈을 모아 아파트를 샀을 때라고 하였고, 오늘 작업을 하면서 여러 감정이 올라와 눈물이 났다고 하였다.

C는 슬픔 → 두려움 → 화남 → 즐거움 → 뿌듯함 순으로 발표하였다. 예전에 임신 중 유산이 되었을 때 무겁게 짓누르던 그때의 느낌이 떠올라 슬펐다고 하였고, 두려웠던 순간은 논문을 쓰는 과정에서 스트레스를 많이 받았을 때라고 하였으며, 화가 났던 순간은 대학원 원우회 임원 선출 과정에서 동기들로부터 부당한 대우를

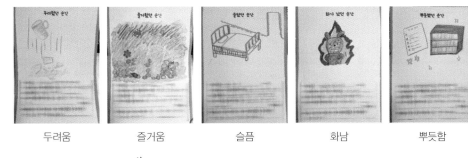

|두려움|즐거움|슬픔|화남|뿌듯함|

[그림 31] B의 다섯 가지 감정[4]

|행복|두려움|슬픔|화남|뿌듯함|

[그림 32] A의 다섯 가지 감정

|슬픔|두려움|화남|즐거움|뿌듯함|

[그림 33] C의 다섯 가지 감정

---

4) 집단원 B와 A는 감정시트 전체를, C는 글쓰기 내용을 제외한 그림 부분만 사진으로 찍어 치료사에게 보내
　주었다.

받았을 때라고 하였다. 즐거웠던 순간은 학교의 많은 사람들로부터 응원과 지지를 받았을 때였다고 하며, 이런 감정들에 대해 별과 하트, 나비, 조개 등으로 표현하는 모습이었다.

이번 회기에서 집단원들은 다섯 개의 감정에 대해 각각 10분씩 작업을 하고 각 작업물을 모두 한 장씩 사진으로 찍어 줌 화면에 띄워 공유하였는데, 이 과정에서 예상보다 시간이 걸리고 어려워하는 모습들이 관찰되었다. 특히 C는 회기 후 다른 감정은 그다지 힘들지 않았는데 슬픔에 대해서는 감정이 올라온 후에 좀처럼 잘 추스러지지 않아 힘들었다고 하였다. 내담자가 치료 회기 동안 개방한 감정들을 스스로 바라보고 수용하는 과정을 경험하는 데 있어, 비대면 치료는 대면에 비해 치료사의 관찰과 개입에 한계가 있고, 시간을 좀 더 여유 있게 계획하는 것이 좋겠다는 생각이 들었다.

이번 회기에서 내담자들은 주어진 짧은 시간 동안 다섯 가지 감정에 잘 몰입하여 작업하였는데, 각 감정에 대해 과거 가장 강렬하게 느꼈던 상황을 떠올려 작업하는 경우도 있었고, 구체적인 상황보다 그 감정 자체를 이미지화한 경우도 있었다.

(3) 보조 치료사 II의 시선: 집단원 입장

나는 미술치료사로부터 받은 미술 재료 키트 이외에도 나의 손에 익은 익숙한 개인 미술 재료를 사용하였다. 감정에 대한 부분을 이미지로 표현하는데, 키트로 제공된 오일파스텔의 뭉툭하고 거친 느낌이 불편하게 느껴졌다. 그래서 파스넷과 수채화물감을 사용하여 부드러운 느낌을 내고 넓은 면적을 빠르고 쉽게 채색할 수 있었다.

미술치료 회기에 참여한 집단원들은 성인이었으나 개인 미술 재료를 보유한 집단원들이 얼마나 되는지 화면 너머로 살펴보게 되고, 혹시 미술 작업을 하는 데 나처럼 다른 재료를 필요로 하진 않을까 궁금하기도 했다. 대면 미술치료에서는 다양한 미술 재료가 치료실 안에 준비되어 있어서 내담자들이 원하는 재료를 그때그때 바꾸어 사용할 수 있었을 텐데, 비대면 미술치료다 보니 제공된 키트 이외에 내담자 개인이 여러 종류의 미술 재료를 보유하고 있다면 더 다양한 미술 작업을 자유로이 경험할 수 있을 것이라는 생각이 들었다. 만일 비대면 미술치료 회기에서 미술치료사 혹은 기관이 미술 재료 키트를 구성하여 제공하는 경우에는 내담자에게 어떤 미술 재료가 도움이 될지, 어떤 재료를 선호하고 불편해하는지 등에 관한 내용을 사전에 파악하는 것이 필요할 것으로 보인다.

비대면 미술치료에서는 완성된 작품 이미지를 내가 직접 휴대폰으로 촬영하고 그것을 집단원들에게 화면으로 공유하는 방식이 번거롭게 느껴지기도 하고, 그 과정에서 소요되는 시간 때문에 정작 이미지에 대해 이야기를 나누는 시간이 부족해지는 것 같아 아쉬운 마음이 들었다.

3) 3회기: 사회에서의 나와 혼자 있을 때의 나

(1) 회기 과정

이번 회기에는 전통적 미술 매체를 사용하여, '사회에서의 나와 혼자 있을 때의 나'를 주제로 가면 작업을 진행하였다. 집단원들은 두 개의 원형 캔버스 위에 그림 또는 입체 작업으로 자유롭게 자신을 표현하고 다른 집단원들과 나누었다. 매 회기 시작 전에 디지털 기기와 카메라 세팅 상태 등 화상 환경을 확인하였는데, 오늘은 말을 할 때 하울링이 생기는 경우가 있었다. 이에 집단원들에게 정면 뷰를 송출하는 기기만 소리를 켜고, 작업 과정을 관찰하기 위해 설치한 기기는 소리를 끄도록 재공지하였다.

(2) 보조 치료사 I의 시선: 관찰자 입장

본 비대면 집단 미술치료는 직장인을 대상으로 하여 회기 시간을 평일 저녁 8시로 하였다. 집단원들은 대부분 회사에서 일을 마치고 귀가한 후라 피곤하긴 하지만 이 시간이 설레고 기대된다며, 미술치료를 통해 산만한 마음을 정리하고 싶다고 하였다.

오늘 미술 작업에서 D는 "혼자 있을 때의 나에서는 아무것도 신경 쓰지 않아도 되는 편안한 상태의 표정을 그렸고, 사회에서의 나에서는 그냥 적당한 미소와 적당한 친절함을 가지고 있으면서 의욕이 별로 없는 상태를 그렸습니다. 이 두 그림을 통해 사회에서의 나는 의욕이 떨어져 있고, 뭘 더 하고 싶은 욕심이 들지 않는다는 것을 알게 되었는데, 이유가 뭘까를 생각해 보니 뭔가 열심히 잘할수록, 주어지는 업무가 더 많아진다는 걸 알아버려서인 것 같아요."라고 말하였다.

C는 오늘 회기에서 사람들 속의 자신에 대해 돌아보는 모습이 관찰되었다. "저는 주부 생활을 8년 정도 하다가 일을 시작했거든요. 1년은 힘들었는데, 그 후로 사람들로부터 일을 깔끔하게 잘한

다, 대단하다는 이야기를 들었어요. 제가 좀 빠른 것 같아요. 근데 빠른 만큼 구멍이 많은 거예요. 저를 허당이라고도 하거든요. 누군가 무슨 말을 하면 영향을 많이 받고 귀도 얇아서 주위 사람들의 말에 흔들리고 들들 볶이는 것 같아요. 그래서 그런 저에 대해 전동킥보드와 노끈으로 표현해 보았어요."라고 하였다. 치료사가 자신의 작업물에 대해 어떤 느낌이 드는지 묻자, 사회에 나갔을 때 사람들에게 칭찬받고 인정받는 게 좋지만 그게 갑갑해 보이기도 한다고 말하였다. 집단원 B가 캔버스에 감겨 있는 노끈을 풀어 주고 싶다고 하자, 자신도 풀려고 노력하고 있는데 마음처럼 잘 되지 않는다고 하였다. 이에 치료사가 지금 바로 노끈을 풀어 볼 것을 제안하자 C는 2~3초 만에 금방 푼 후, 막상 풀어 보니 생각보다 쉽다며 잠시 생각에 잠기는 듯하는 모습이었다.

E는 사회에서의 나의 모습에 대해 "저는 사람을 대할 때 다양한 모습을 갖고 있는데 표정은 비슷한 것 같아서, 하나의 얼굴에 여러 가지 색의 머리카락을 통해 이것을 연출했습니다."라고 하였으며, 혼자 있을 때의 나에 대해서는 "갈색과 여러 개의 동그라미를 통해 편안하게 다양한 생각을 하는 모습을 표현하였습니다."라고 하였다.

[그림 34] D의 혼자 있을 때의 나

[그림 35] D의 사회에서의 나

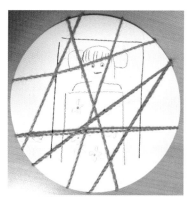

[그림 36] C의 혼자 있을 때의 나

[그림 37] C의 사회에서의 나

[그림 38] E의 혼자 있을 때의 나

[그림 39] E의 사회에서의 나

(3) 보조 치료사 II의 시선: 집단원 입장

나는 이번 회기에서 줌에 있는 채팅창 기능을 활용하여 다른 집단원에 관한 질문 사항이나 이미지에 대한 나의 반응을 공유하게 되면서 이전보다 소통이 더 잘 이루어진다는 인상을 받았다. 1회기와 2회기에서는 집단원들과 이야기하는 과정에서 오디오가 겹쳐지게 되는 상황들이 조심스럽고, 서로의 이미지에 대해 질문하는 것을 주저하는 분위기가 있었던 것과는 달라진 모습이다.

줌에서는 모든 집단원의 얼굴이 화면에 가득 차 보이기 때문에, 얼굴의 미세한 표정 변화와 상체의 움직임이 더 자세히 보이기도 하여 강렬한 느낌을 주고 때때로 부담스럽기도 하여 눈을 어디에 두어야 할지 몰라 불편한 느낌이 들기도 한다. 그래서일까? 나도 집단원들에게 무언가 말할 때 주저함이 생겼다.

그러나 이번 회기에서는 집단원들이 서로의 이미지에 대해 궁금한 부분이나 이미지를 보고 떠오른 인상을 전달해 주는 내용을 채팅창을 통해 공유하면서 나와 나의 이미지에 대한 질문을 살펴보고 답을 하는 과정을 경험하게 되고, 나와 이미지를 새로운 시각으로 살펴보고 깊이 있는 이해를 얻는 기회가 되었다.

이번 회기에서는 채팅창을 활용하면서 이전 회기에서보다 더 서로의 작업 결과물이나 작업 과정에 대한 질문과 피드백이 더 활발하게 이루어진 변화가 관찰된 것이 가장 인상적이었다.

4) 4회기: 나에게 편안함을 주는 것

(1) 회기 진행

4회기에서는 '나에게 편안함을 주는 것'을 주제로, 현재 가장 스트레스받는 것 혹은 스트레스 상황에 있는 나를 떠올려 보고, 그 속에서 편안함을 찾는 나를 표현하도록 하였다. 매체는 디지털 기기를 사용하였는데, 아이패드 혹은 갤럭시탭 등 태블릿 PC 패널을 그리기 패드로, 오토데스크 스케치북 등 드로잉 앱을 그리기 도구로 활용하도록 하였다. 작업에 사용할 이미지는 개인이 직접 촬영한 사진이나 무료 다운로드가 가능한 픽사베이닷컴(pixabay.com) 등의 사이트에서 이미지를 다운받아 사용하도록 안내하였다. 그리기 패드에서 화지의 가로, 세로 사이즈와 드로잉 펜의 종류, 굵기, 질감 등은 드로잉 앱의 기본 값으로 초기 설정하되, 필요시 각자 원하는 대로 변경하여 사용하도록 하였다.

작업 후 나눔의 시간에서는 태블릿 PC의 미러링 기능을 활용하였다. 이 기능은 집단원 중 한 명이 자신의 태블릿 PC에 그림을 띄웠을 때, 다른 집단원들이 각자 갖고 있는 태블릿 PC에서 그 그림을 실시간으로 함께 볼 수 있는 기능이다.

(2) 보조 치료사 I의 시선: 관찰자 입장

이번 시간에 미술 매체로 사용한 태블릿 PC와 드로잉 앱에 대한 내담자들의 반응을 살펴보면, 다섯 명의 집단원 중에서 앱 사용이 익숙한 D와 B는 비교적 수월하게 작업한 반면, 나머지 세 명의 집단원은 이미지 불러오기와 저장하기, 지우기 등 디지털 매체를 활용한 그림 작업을 어려워하는 모습이었다. 따라서 비대면 화상 미술치료에서 태블릿 PC와 드로잉 앱을 활용하는 경우에는 디지털 기기와 앱 사용에 대한 내담자의 숙련도를 미리 확인하고, 필요시 사용 방법과 기본 세팅에 대한 구체적인 가이드가 선행되어야 할 것이다. 만약 디지털 매체를 사용하는 미술 작업이 익숙한 내담자라면 색연필이나 파스텔, 크레용, 물감, 붓 등 여러 전통적 재료들을 구입하지 않고도 드로잉 프로그램을 통해 굵기, 질감, 밀도, 색 등 다양한 표현이 가능하고, 한 번에 전체 화면 칠하기나 일정한 간격으로 점 찍기, 그라데이션 등 자신이 원하는 이미지를 표현하는 것이 용이하여 그림 작업에 장점이 많은 것으로 확인되었다. 하지만 태블릿 PC 패널은 표면이 매끄러운 소재라 항공 뷰를 통해 작업 과정을 관찰할 때 종이에 비해 빛 반사가 심했고, 또 태블릿이 단단하여 아래를 손바닥으로 받치고 기울여서 작업하는 경우에는 화상을 통한 관찰이 어려울 때도 있었다.

나눔의 시간에서 D는 오늘 주제를 들었을 때 어제 눈물이 날 정도로 힘들고 우울했던 순간이 떠올랐다고 하면서, 그때 이불 속에 숨고 안정을 찾던 자신을 표현했다고 하였다. "눈물에 젖은 걸 그라데이션으로, 인간관계와 과제에 대한 압박감을 손가락으로 표현했어요. 그럴 때 저는 아이패드나 메모장을 사용해서 제 스스로와의 대화를 하려고 합니다. 제 스스로 어떤 생각이나 감정을 풀어내는 시간을 갖고, '이만하면 됐다, 이만큼 울었으면 됐다'는 생각이 들면 넘어가기도 합니다."라며 어려운 상황에서 스스로를 달래고 편안함을 찾는 방법에 대해 이야기하였다.

B는 현재 프리랜서로 일하면서 논문을 쓰는 상황으로, 뭐든지 혼자 해야 한다는 생각에 외로운 것 같다고 하였고, 바로 전에 발표한 D의 마음에 공감하고 지지해 주는 모습이 있었다.

A는 태블릿 PC에서 이미지 불러오기와 지우기 등 드로잉 앱 사용이 어려워 중간에 작업을 포기하였고, 회기가 끝난 후에 자녀들의 도움을 받아 완성하겠다고 하였다. 이에 치료사가 지금 이 상황에 대한 스트레스와 당혹스러움에 대해 공감하고 오늘 하려고 했던 작업에 대해 언어로 표현하도록 격려하였다. A는 현재 딸의 결혼을 앞둔 상황이라며, 딸이 결혼을 하면 자신은 풍선처럼 가벼운 마음으로 날아다닐 것 같다고 말하였다. A는 며칠 후에 작업을 완성하여 치료사에게 이메일로 보내 주었다.

회기가 지남에 따라 집단원들은 자신의 하루 일과나 심리 상태에 대한 자기개방이 증가하였고 서로에게 질문이나 코멘트도 더욱 활발히 하여, 전체적으로 집단원 간 친밀도와 응집력이 강해지는 모습이 관찰되었다.

[그림 40]
D의 나에게 편안함을 주는 것들

[그림 41]
B의 나에게 편안함을 주는 것들

[그림 42]
A의 나에게 편안함을 주는 것들

디지털 매체를 활용하여 작업하는 모습

[그림 43] 태블릿 PC 활용-I

[그림 44] 태블릿 PC 활용-II

[그림 45] 태블릿 PC 활용-III

[그림 46] 스마트폰 활용

(3) 보조 치료사 II의 시선: 집단원 입장

나를 포함한 몇 명의 집단원들은 디지털 기기에서 드로잉 앱을 사용하여 그림을 그리는 것이 익숙하지 않아 미술 작업을 시작하기도 전에 다양한 질문이 오갔다. 미술치료사가 언어로 설명을 해 주는 것보단 직접 자신의 조작 방식을 살펴볼 수 있도록 시연하는 장면을 화면으로 공유하여 보여 주거나, 태블릿 PC의 미러링 기능을 활용하여 구체적인 과정을 직접 눈으로 보고 따라 할 수 있도록 설명해 주는 것도 도움이 될 것이라는 아이디어를 얻었다.

집단원들은 미술 작업 과정 중간에도 도구 활용의 어려움이나 문제가 발생했을 때 미술치료사에게 질문을 하였는데, 이때 집단원이 문제가 해결되지 않는 상황에 다소 날카롭고 당황스러워하는 목소리와 표정으로 이야기하는 모습이 고스란히 모두에게 공유되었다. 그 과정에서 비대면 미술치료에서는 대면 미술치료사와 달리 집단원들 간에 심리적으로 안전한 거리감이 오히려 줄어드는 상황이 발생할 수 있음을 알게 되었다.

비대면 미술치료에서는 집단원의 태도 혹은 처한 문제 상황에 따라 집단 에너지가 한곳으로 과도하게 집중되는 속도도 빠르고 그 집중의 정도도 심해질 수 있음을 경험하였다.

비대면으로 이루어지는 미술치료 회기이다 보니, 집단원들이 회기 중에 회기와 관련되지 않은 일을 하게 되는 상황이 더 쉽고 빈번하게 발생하게 되는 것을 확인하였다. 내담자가 비대면 미술치료 회기 중에 화면이 비추지 않는 곳에서 무엇을 하고 있는지는 미술치료사도 확인하기가 어렵기 때문에 내담자가 회기에 집중하고 있는지 여부를 면밀히 살피고 제한하는 것도 어려운 부분이 있다.

비대면 미술치료 회기에서는 내담자가 집중력을 유지하기가 어려울 수 있어서, 미술치료사로서 어떻게 상황에 개입하고 방지할 수 있을 것인가를 고민해 보는 과제가 생긴다.

5) 5회기: 있는 그대로의 나

(1) 회기 진행

오늘은 작업을 시작하기에 앞서 다음 시간이 종결 회기임을 공지하고, 잠시 지난 회기들을 돌아보는 시간을 가졌다. 그동안 네 번의 회기를 가졌고, 각각 스트레스와 다섯 가지 감정, 혼자 있을 때의 나와 사회 속에서의 나, 나에게 편안함을 주는 것을 주제로 전통적 매체와 디지털 매체로 작업하였음을 치료사가 짧게 리뷰하고 정리하였다.

이번 회기는 자신에 대해 좀 더 집중하는 시간으로, 충만하면 충만한 대로, 부족하면 부족한 대로 있는 그대로의 나에 대하여 디지털 매체를 활용하여 표현하도록 하였다. 치료사는 집단원들에게 태블릿 PC에 자신의 모습이 담긴 사진과 여러 가지 다양한 이미지를 가지고 작업하도록 제안하였다. 지난 회기에 드로잉 앱 사용을 어려워하던 집단원들이 있어, 오늘은 펜 종류나 색 선택, 선 그리기와 색칠하기 등 앱 사용에 대해 좀 더 자세한 설명과 가이드를 하였으며, 치료사의 작업 샘플을 보여 줌으로써 디지털 기기와 드로잉 앱 사용에 대한 이해를 도왔다.

오늘은 치료사가 회기가 마무리되는 시점에 천사점토를 잠시 손으로 잡고 있도록 제안하였다. 비대면 화상 미술치료에서는 모니터를 계속 보고 있어야 하므로, 대면 치료에 비해 시각적 자극에 대한 의존도가 높고 눈의 피로가 가중되는 경향이 있다. 따라서 화상을 이용한 비대면 미술치료에서는 시각적 자극 외에 다른 감각을 이용할 수 있는 재료, 즉 점토나 끈, 스팽글, 깃털과 실, 향초 등 촉각과 후각을 사용할 수 있는 전통적 매체를 활용할 것을 권장하였다.

(2) 보조 치료사 I의 시선: 관찰자 입장

D는 혼자 있을 때보다는 편한 누군가와 함께 있을 때 혹은 내재된 끼가 분출될 때 가장 나다워지는 것 같다고 하였다. 가장 나답지 않다고 느낄 때는 할 말이 굉장히 많은데 그걸 참아야 할 때와, 궁금한 것을 꼬치꼬치 물어보고 싶은데 묻지 못하는 상황에서 마음이 답답하고 불편해질 때라고 하였고, 그럴 때는 답답하지 않도록 뭔가를 적어 놓는 습관이 있다고 하였다. 또한 자신이 어떤 색일까를 생각해 보니 한 가지 색으로 표현할 수 없을 것 같아 여러 가지 색을 사용하였다고 하였다.

B는 나다움에 대해 사회에 나가면 작아지고 움츠러드는 모습이 있는데, 본래의 나는 밝고 재밌는 걸 찾아 하고 스스로 칭찬도 많이 하는 사람이라고 하면서, 지금도 잘하고 있다고 인정해 주고 싶어서 내가 스스로 즐기고 재밌어하는 것들을 표현했다고 하였다. 하지만 솔직히 말해서 나다운 것과 나답지 않은 것에 대해서 잘 모르겠다고

[그림 47] D의 이미지 콜라주

[그림 49] A의 이미지 콜라주

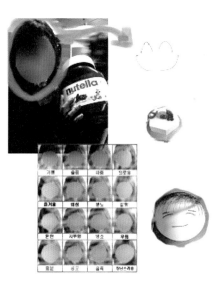

[그림 50] E의 이미지 콜라주

하였고, 이번 기회에 나다움에 대해 생각해 보겠다고 하였다.

A는 지난 시간에 디지털 매체 사용이 어려워 중간에 그림 작업을 포기하였던 집단원으로, 지난 회기가 끝난 후 자녀에게 태블릿 조작 방법을 배워 연습을 많이 하였다고 하면서, 자신 있고 뿌듯한 모습으로 작업물을 완성하는 모습이었다. A는 나다움은 이처럼 어떤 난관에 부딪혔을 때 금방 긍정적으로 변하여 오뚝이처럼 일어나는 것, 절대 포기하지 않는 것이라고 하였고, 주위에서 넌 대체 안 해 본 게 뭐냐고 물어볼 정도로 다양한 경험을 가지고 있다고 하였다. 그래서 그림 속에서 자신에게 왕관을 씌워 주었다고 하였다. A의 경우, 익숙하지 않은 디지털 매체에 대해 배우고 적응하는 과정이 마치 평소 삶의 모습과도 닮아 있어, 비대면 화상 미술치료 회기에서도 이러한 나다움의 특성이 그대로 드러나는 것을 볼 수 있었다.

E는 회기 중 인터넷 접속이 끊겨 몇 차례 재접속하였고, 중간에 또 끊길지도 모르겠다고 걱정하면서 이야기를 시작하였다. 나다움은 아무 걱정 없이 마음이 편하고 좋을 때 비로소 느껴진다고 하면서, 예전에 회사를 그만두고 유럽 여행을 갔을 때 좋아하는 초콜릿 잼을 들고 활짝 웃고 있는 나를 그렸다고 하였다.

(3) 보조 치료사 II의 시선: 집단원 입장

이번 회기에서는 디지털 매체를 사용하여 콜라주 작업을 하는데, 익숙하게 작업을 하지만 태블릿 PC에 닿는 펜의 감각이 동일해서 그 경험이 단조롭게 느껴지기도 했다. 이미지에 대해 이야기하는 과정에서의 느낌은 똑같이 나에 대해 인식하고 이해할 수 있었지만, 작업 과정에서 느껴지는 다양한 감각은 제한되는 것 같아 아쉬움이 생겼다.

나는 전통적 미술 재료를 다양하게 사용하는 회기에서는 작업의 완성도가 떨어지더라도 다양한 감각적인 재료를 의식하지 않고 활용하여 미술 작업을 하였다. 나는 다양한 색과 질감의 미술 재료를 활용하면서 경험하는 소리와 손끝에서 느껴지는 촉감들이 주는 자극들이 즐겁게 느껴져 미술치료 회기에서의 작업 시간이 더 길면 좋겠다는 생각을 했던 것과는 다른 경험이었다. 이 경험으로 비대면 미술치료에서 어떤 매체를 사용하였는가에 따라 혹은 내담자의 상태와 요구에 따라 미술 작업 시간이나 이미지와의 대화 시간의 비중이 유연하게 달라질 수도 있겠다는 생각을 하였다.

비대면 미술치료에서는 미술치료사가 내담자에게 전통적 미술 재료와 디지털 기기를 활용한 미술 작업 중에 어떠한 것을 더 선호하는지를 확인하고 새로운 경험을 할 수 있는 기회를 제공하면서도 열린 자세로 재료의 활용을 유연하게 제안할 수 있어야 하겠다.

6) 6회기: 지난 다섯 회기에 대한 통합 작업

(1) 회기 진행

이번 회기는 종결 회기로, 지난 다섯 번의 회기를 돌아보고 통합하는 시간을 가졌다. 이를 위해 이전에 했던 작업물들을 모두 가져오도록 미리 공지하였는데, 전통적 매체로 작업했던 것들은 작업물 원본 그대로, 태블릿 PC로 작업했던 것들은 기기에 저장된 원본 혹은 A4 크기의 컬러 출력본으로 준비하도록 하였다. 오늘 사용할 매체의 종류는 전통적 매체와 디지털 매체 중에서 각자 원하는 재료를 선택하도록 하였고, 작업 방식 또한 별다른 제안을 하지 않고 자유롭게 표현하도록 하였다.

작업을 마친 후 결과물에 대해 한 명씩 돌아가면서 나눔의 시간을 가졌고, 마지막으로 비대면 집단 미술치료에 대한 전반적인 소감을 나누고 치료를 종결하였다. 회기 말미에 첫 회기 때 그렸던 두 가지 버전의 DAPR을 다시 한번 그리도록 하여 스트레스와 대처 능력, 자원에 대한 그림의 변화를 살펴보았다. 이 내용은 챕터의 마지막 부분에 치료사 소견과 함께 정리하였다.

(2) 보조 치료사 I의 시선: 관찰자 입장

C는 디지털 매체를 사용하였다. 오늘 작업을 위해 새로 찍은 자신의 얼굴을 패드의 중앙에 놓고, 그 주위로 연꽃을 두었다. C는 "연꽃이 진흙에서 핀다고 들었는데, 그 와중에도 예쁘게 피려고 노력하는구나 하는 생각을 했어요. 제가 저번에 슬픔에 대해 이야기한 후 1주일 정도 정말 슬픔에 빠져서 힘들었거든요. 미술을 통해 끄집어내면서 감정의 기복이 심해지지 않았나 생각했고, 지난 시간에 나다움을 하면서 나도 생각보다 잘하는 게 많은 사람이구나 하는 생각이 들었어요. 똑같은 것을 해도 저는 더 많이 노력하고, 그 속에서 잘 피우려고 노력하는 것 같고, 그래서 연꽃이 생각났어요. 처음엔 기기 사용도 서툴렀지만 이젠 사진을 겹칠 수도 있고,

[그림 51] C의 통합 작업

[그림 52] E의 통합 작업

[그림 53] A의 통합 작업

[그림 54] D의 통합 작업

[그림 55] B의 통합 작업

사용이 늘어가는 것에서 많이 발전하고 있구나 하고 생각했습니다. 서툴지만 너는 꽃을 피울 자격이 있어, 그런 생각이 들었습니다."라고 하였다. 이에 슬픔을 어떻게 처리하고 있느냐는 치료사의 질문에 "사실 어떻게 처리해야 할지 잘 모르겠어요. 순간적으로 올라오고 그랬는데, 애들 보면서 조금씩 가라앉게 되었어요."라고 대답하였고, 다른 집단원들로부터 어떤 감정도 충분히 느끼고 수용하는 과정이 필요할 것 같다는 코멘트와 함께 격려와 지지를 받았다.

E는 전통적 매체를 선택하였다. E는 그동안 다섯 번의 회기를 통해 혼자 있을 때 많은 생각을 하는 자신의 모습과 두려운 순간에 도피했던 것, 편안함을 추구하는 것 그리고 현재의 제일 큰 고민에 대해 다양한 색과 형태로 표현하였는데, 이 모든 모습이 바로 자신이며 그런 모습들이 나쁘지 않게 생각된다고 하였다. 더불어 여섯 회기 동안의 작업에서, 자신이 슬픔이라는 감정에 대해 제일 모른다는 것을 알게 되었다고 이야기하였다.

A는 디지털 매체를 사용하였다. 그동안 작업했던 것들을 사진으로 찍고 그중에 일부를 오려 붙여넣기하였는데, 스트레스받고 두려웠던 내용은 다 버리고 좋고 뿌듯했던 순간들에 대한 이미지만 사용하였다고 하였다.

D는 디지털 매체를 사용하였다. 그동안의 작품을 다 모아서, 스트레스를 받는 순간을 내부와 외부로 나누고 나다움은 내부로, 스트레스는 외부로 표현하였다. D는 오늘 작업에서 나를 힘들게 하는 것들과 단단한 나, 즐거웠던 기억, 뿌듯했던 기억이 떠올랐다고

하였고, 나다움으로 스트레스를 이겨 낼 수 있겠다고 하면서 삶에 대한 자신감과 의지를 다지는 모습이었다.

B는 전통적 매체를 사용하였다. 기존의 작업물들과 새로운 이미지를 사용하여 나를 표현하였고, 스스로를 쓰다듬어 주기 위해 부드러운 깃털과 반짝이는 스팽글을 붙였다고 하였다.

(3) 보조 치료사 II의 시선: 집단원 입장

나는 작업 과정 중에 다른 집단원들이 서로가 어떤 재료를 사용하여 어떤 방식으로 미술 작업을 하고 있는지를 관찰하듯 화면을 응시하고 있는 모습이 보여 반가운 마음이 들었다. 나뿐만 아니라 다른 집단원들도 다른 집단원들의 미술 작업 과정을 관심 있게 살펴보고 있는 모습으로부터 서로에 대한 관심과 미술 작업에 대한 관심이 전해져 왔다.

집단원들은 처음에는 자신의 미술 작업 과정을 왜 항공 뷰를 사용하여 공유를 해야 하는지에 대해서 낯설어하고 적응하기 어려워하였다. 하지만 회기가 진행될수록 화면이 공유되는 상황을 불편하게 느끼기보다는, 오히려 기꺼이 자신의 미술 작업을 다른 사람들과 공유하고 다른 사람의 미술 작업 과정을 살펴보는 과정에서 자기 미술 작업의 아이디어를 얻는 장으로 활용하는 것으로 변화되는 모습이 인상적이었다.

4. 비대면 집단 미술치료 소감

A "저는 이 작업을 하면서, 전에는 그냥 대충대충 다녔는데 관찰하는 힘이 생겼습니다."

B "최근에 혼자 있는 시간도 되게 많았어요. 밖에 나가는 일도 없고 사람 만나는 일도 없었는데, 여기 와서 참여하시는 C 님, D 님, A 님, E 님 만나면서 참 웃을 일이 많았구나 싶어서 감사했고, 마냥 좋은 이야기만 한 것도 아니었는데도 순간순간을 되돌아보면 고마운 마음이 큰 것 같아요. 예전에는 무거운 걸 이고 지고, 비 맞고 있는 그림이 있었다면, 오늘도 힘든 날이었는데 웃고 있는 걸 그리게 되었어요. 내가 잊고 있었던 것들을 다른 분들이 일깨워 주셔서 되찾을 수 있었던 것 같아요."

C "저는 긍정적으로 살려고 노력을 많이 한 것 같아요. 사실은 내 주위에는 왜 징징거리는 사람, 괴롭히는 사람이 많지 하는 생각을 벗어나지 못했던 것 같아요. 지난 시간에 나다움을 표현할 때 5분 정도 아무것도 못하고 있었는데, 이런 과정을 통해 나를 찾아가는 게 중요하다는 생각을 이 미술치료 시간 동안 알아 갔고 제 긍정적인 모습을 찾게 되었어요. 나 이런 거도 잘하는 게 있었네, 그리고 그런 거에 대해 더 집중하면 훨씬 더, 좀 더 내가 편해지겠다 그런 생각. 지난 시간에 그런 걸 느꼈어요. 나한테 좀 더 집중하자, 긍정적으로 바라보자. 저에게 그런 의미를 부여할 수 있는 시간이었던 것 같아요."

D "저는 즐거울 때, 뿌듯할 때, 두려울 때를 작업했을 때, 두려웠을 때는 그 주체가 없다. 그때 치료사께서 그걸 짚어 주신 뒤로 그걸 생각해 봤습니다. 그동안 두렵고 무서운 것에 직면하는 게 어렵지 않았나 하는 생각을 했던 것 같아요. 그 이후에 미술 작업 같은 걸 하면서도, 두려움에 대해 직면해 봐야겠다고 생각하였습니다."

E "저는 지금 빗속의 사람을 그리면서 생각했는데, 하면서 여러분들이 긍정적인 생각을 많이 하고 계셔서 그런 영향을 받은 것 같아요. 오늘 그리면서도 웃는 모습이 자꾸 떠올랐는데, 그런 영향을 받은 것 같아요. (웃음). 그리고 빗속의 사람 그림에서 지난번보다 밝은 모습이 나왔어요. 지금도 외로움은 느껴지지만, 따뜻한 느낌인 것 같아요."

5. 사전 · 사후 DAPR 검사[5]

1) A의 전통적 매체를 활용한 DAPR 변화

사전 DAPR에는 비와 우산, 사람이 그려져 있고, 사람은 우산을

---

5) DAPR(Draw A Person in the Rain, 빗속의 사람 그림) 검사는 미술치료에서 널리 사용되고 있는 투사적 그림 검사 중 하나로, 비로 은유되는 스트레스 상황에서 개인이 어떻게 자신을 보호하고 적응하는지를 알아볼 수 있는 평가 도구이다. 그림의 구성과 내용을 스트레스와 자원, 대처 능력으로 수치화하고, 대처 능력이 양수(+)이면 스트레스 대비 양수만큼의 자원이 더 많은 것으로, 음수(−)이면 가진 자원보다 음수만큼의 스트레스가 더 많은 것으로 해석한다. 이 사례에서는 1회기에 시행한 검사를 사전 검사로, 6회기를 마친 후에 시행한 검사를 사후 검사로 하였고, 다섯 명의 집단원 중에서 세 명의 그림을 정리하였다.

활짝 펼쳐 비를 막고 있다. 하지만 자신에 비해 큰 우산을 높이 든 모습으로, 비로부터 스스로를 보호하기 위한 에너지의 사용이 다소 비효율적으로 보인다. DAPR 척도 점수는 스트레스는 6점, 자원은 7점, 대처 능력은 +1점으로 평가되었다. 사후에서는 비가 화지 전체에 그려져 있고, 인물과 직접적으로 접촉하고 있으며, 우산을 비롯한 우비나 장화 등 비를 막아 줄 보호물이 없다. 하지만 사전에 비해 인물의 크기가 커졌고, 표정에 미소가 생겼으며, 신체적 활동성이 있어 인물 자체에 큰 변화가 관찰된다. 드로잉 선 또한 사전에 비해 진해져, 스트레스는 6점, 자원은 5점, 대처 능력은 −1점으로 평가되었다.

실제로 두 회기에서 관찰된 집단원 A의 모습을 보면, 사전(1회기)에서는 비대면 미술치료에 대한 기대와 함께 긴장감을 이야기

[그림 56]
A의 전통적 매체를 활용한 DAPR(사전)

[그림 57]
A의 전통적 매체를 활용한 DAPR(사후)

하였고, 사후(6회기)에서는 디지털 기기를 잘 다루게 된 것에 대한 뿌듯함 등 자신의 건강하고 긍정적인 면에 대한 언급이 많아진 변화가 있었다. 여기서 주목할 점은, DAPR 척도를 통해 평가된 대처 능력은 사후에서 오히려 2점이 낮아져, 사전에 비해 향상된 자아상이나 자기 효능감이 잘 반영되지 않는다는 점인데, 그 이유는 DAPR 형식 척도에서는 보호물의 유무와 인물이 비를 맞고 있는지의 여부가 점수에 크게 반영되기 때문으로 보인다. 따라서 DAPR 검사로 내담자의 심리 상태를 해석할 때, 미술치료사는 우산과 비에 대한 부분만이 아닌 인물 자체에 대해서도 주의를 기울이는 것이 필요하다. 예를 들어, A의 사후 그림에서 비를 막아 줄 적당한 도구가 없다는 점은 인물이 스트레스로부터 자신을 보호하지 못하는 것으로 비춰질 수 있지만, 미소를 지으며 빗속을 뛰어가는 모습은 오히려 스트레스에 직면하면서 극복해 가고 있다는 의미로 해석할 수도 있다. 그러므로 내담자를 좀 더 잘 이해하기 위해서는 형식 척도에 의한 표준화된 해석과 함께 그림 내용에 대한 질적인 해석을 추가하는 것이 좋겠다. 그리고 이 부분을 내담자와 함께 다룬다면 치료적으로도 도움이 될 것으로 보인다.

2) A의 디지털 매체를 활용한 DAPR 변화

사전 DAPR에서는 비와 두 명의 사람 그리고 우산이 그려져 있는데, 자신을 투사한 것으로 보이는 여성은 우산을 반쯤 쓰고 있어 우반신은 비를 맞고 있는 상태이다. 또한 인물의 손이나 발, 얼굴 부

[그림 58]
A의 디지털 매체를 활용한 DAPR(사전)

[그림 59]
A의 디지털 매체를 활용한 DAPR(사후)

분의 묘사가 불완전하여, 스트레스는 4점, 자원은 3점, 대처 능력은 −1점으로 평가되었다. 사후에서는 우산이 없어 인물이 비를 맞고 있지만, 얼굴에 미소가 있고 달리기를 하는 모습에서 독립성과 자신감이 엿보인다. 또한 사전에 비해 인물 묘사와 선의 질에서 차이를 보이고 있는데, 특히 눈썹과 손가락, 옷깃 등 섬세한 표현이 돋보인다. 점수는 스트레스 5점, 자원 5점, 대처 능력은 0점으로 평가되었다.

디지털 매체를 사용한 DAPR에서 집단원 A는 전통적 매체에서와 마찬가지의 변화가 관찰되었다. 즉, 사전에 비해 사후에서는 우산이 없어졌지만, 인물의 크기와 공간 배치, 얼굴 표정, 몸의 움직임 등을 통하여 자아상이나 자신감이 향상되었음을 알 수 있다.

3) B의 전통적 매체를 활용한 DAPR 변화

사전 DAPR에서는 화지 전체에 걸쳐 많은 비가 내리고 있고, 어깨에 맨 가방은 비에 젖어 빗물이 흘러내리는 상태이며, 인물의 표정은 제한되고(restricted) 무표정한 모습이다. 하지만 인물은 비를 막아 줄 적당한 폭의 우산을 잘 들고 있고, 얼굴과 손 등 인물의 모습이 구체적으로 묘사되어 스트레스는 7점, 자원은 11점, 대처 능력은 +4점으로 평가되었다. 사후에서는 사전에 비해 비의 밀도가 감소하고 사람의 크기가 커져, 비가 차지하는 면적 대비 사람이 차지하는 면적이 증가하였다. 또한 인물의 표정에 미소가 생겼으며 팔을 뻗어 비와 접촉해 보려는 움직임이 있어, 주위 환경에 관심을 가지고 탐색하는 여유와 능동성이 관찰된다. 점수는 스트레스 5점, 자원 12점, 대처 능력 +7점으로 확인되었다.

[그림 60]
B의 전통적 매체를 활용한 DAPR(사전)

[그림 61]
B의 전통적 매체를 활용한 DAPR(사후)

4) B의 디지털 매체를 활용한 DAPR 변화

사전 DAPR에서는 비의 양이 많고, 인물은 물웅덩이에 서 있으며, 무표정하게 눈을 감은 모습이 우산의 흔들리는 선과 함께 우울해 보이는 인상을 준다. 하지만 우산과 우비, 장화로 자신을 잘 보호하고 있고, 중앙에 인물 전체가 묘사되어 자원 점수 13으로, 10점이라는 높은 스트레스 점수를 받았음에도 불구하고 +3의 대처 능력을 갖고 있는 것으로 평가되었다. 반면, 사후에서는 비의 양이 현저히 줄어들었고, 인물은 비가 오는 상황에 직접적으로 노출되어 있지 않으며, 비와는 벽과 책상을 사이에 두고 있다. 또한 비로부터 충분히 보호받을 수 있는 장소에서 자신을 편안하게 해 줄 수 있는 아이템들, 즉 음악, 따뜻한 음료, 의자를 배치시켜 스트레스 3점, 자원 9점, 대처 능력 +6점으로 평가되었다.

그림에서 유의미하게 달라진 부분 하나가 눈에 띄는데, 바로 진하게 칠해져 강조된 부분이 우산대에서 의자로 바뀌었다는 점이다. 이것에 대해서는 다음과 같이 질적인 해석을 할 수 있다. 의자는 인물이 편안하게 앉아서 쉴 수 있는 물건이라는 점에서 D의 에너지가 자신을 보호하는 것(우산)으로부터 여유와 휴식을 가지는 방향(의자)으로 전환되었는데, 이는 두 가지 의미로 볼 수 있다. 하나는 스트레스로부터 자신을 보호하는 능력이 향상되었다는 것이며, 다른 하나는 스트레스에 대한 회피 또는 보상 심리가 작용하고 있다는 것이다. 이처럼 하나의 그림에 두 가지의 의미가 공존할 때에는, 내담자가 그림을 그리는 과정이나 행동 관찰, 치료사와의 대

[그림 62]
B의 디지털 매체를 활용한 DAPR(사전)

[그림 63]
B의 디지털 매체를 활용한 DAPR(사후)

화 내용, 타인의 보고 등 내담자와 관련된 여러 가지 다양한 정보를 종합하여 평가하는 것이 필요하다.

집단원 B의 경우, 전통적 매체와 디지털 매체 모두에서 사전에 비해 사후에 스트레스가 감소하고 대처 능력이 향상되는 변화를 보였다. 사전에서의 인물은 많은 빗속에서 우산을 꼭 쥐고 자신을 보호하는 데 애를 쓰고 있다면, 사후에서는 주변을 여유롭게 탐색하거나 안전한 장소에서 휴식하는 모습이 두드러졌고, 드로잉의 내용이나 패턴 또한 좀 더 자유로워지는 변화가 나타났다.

5) D의 전통적 매체를 활용한 DAPR 변화

사전 DAPR에서는 비가 내리고 있고, 바닥에 웅덩이가 하나 있다. 우산은 비로부터 인물을 보호해 줄 만큼 충분히 크며, 인물의 얼굴에는 미소가 있고 선의 질이 끊김 없이 부드러워 스트레스는 6점, 자원은 10점, 대처 능력은 +4점으로 평가되었다. 사후에서는 구름이 두 개 생겼고, 웅덩이의 위치는 우측에서 좌측으로 이동하였다. DAPR에서 웅덩이는 스트레스로 간주되는 요소로서, 공간 상징을 고려해 보았을 때 좌측으로의 이동은 미래에 닥칠 스트레스로 여겨지던 부분이 사전에서 사후로 시간이 흐름에 따라 축소 혹은 지나간 것으로 유추할 수 있다. 또한 인물의 크기가 커지고 사람이 우산보다 정중앙에 그려져 좀 더 향상된 자신감을 고려할 수 있다. 점수는 스트레스 6점, 자원은 12점, 대처 능력은 +6점으로 평가되었다.

[그림 64]
D의 전통적 매체를 활용한 DAPR(사전)

[그림 65]
D의 전통적 매체를 활용한 DAPR(사후)

6) D의 디지털 매체를 활용한 DAPR 변화

사전에서는 비가 인물의 손에 접촉되어 있고, 선과 눈물방울 두
가지 모양으로 묘사되어 있다. 우산은 인물을 효율적으로 보호
할 수 있는 크기이며, 인물은 정면을 바라보며 미소를 짓고 있다.
DAPR 척도 점수는 스트레스 7점, 자원은 11점, 대처 능력은 +4점
으로 평가되어, 스트레스에 대처할 수 있는 양(+)의 자원을 갖고
있는 것으로 나타났다. 사후에서는 비와 더불어 화면의 상부 전체
에 먹구름으로 보이는 형태의 선이 있다. 인물은 비로부터 자신을
보호할 수 있는 우산과 우비를 사용하고 있고 음악을 들으면서 미
소 짓고 있는 모습으로, 스트레스는 6점, 자원은 12점, 대처 능력
은 +6점으로 평가되었다. 독특한 점은 집단원 D의 경우 디지털을
활용한 사전 그림에서 색을 사용하였다는 점이다. 전통적 매체로

[그림 66]
D의 디지털 매체를 활용한 DAPR(사전)

[그림 67]
D의 디지털 매체를 활용한 DAPR(사후)

DAPR 검사를 할 경우에는 치료사가 내담자에게 종이와 연필, 지우개만 제공하여 그 외 다른 재료를 사용할 여지가 없으나, 디지털 매체를 활용할 경우에는 드로잉 앱에서 지원되는 여러 채색 기능의 사용이 가능해진다. 따라서 디지털 매체로 표준화된 DAPR 검사를 실시할 때에는 지정된 기능만 사용하도록 좀 더 명확한 지침을 주는 것이 필요하다.

집단원 D 그림의 질적인 해석을 해 보면, D의 내면의 변화를 더 잘 이해할 수 있다. 사전 그림에서 화지의 우측에 포장마차라는 문구와 의자, 천막이 눈에 띄는데, 아마도 이 공간은 내담자가 스트레스에서 벗어나 자신을 보호하는 장소로 여기고 있을 것으로 보인다. 사후 그림에서는 비와 사람 외에 다른 묘사가 없고 먹구름이 화지의 상부를 덮고 있어, 자신과 스트레스에 대해 좀 더 잘 인식하고 솔직히 표현하고 있는 것으로 생각된다. 또한 인물이 비를 피하기 위해 우비와 우산을 사용하고 있으나, 신발은 비를 흠뻑 맞을 수 있는 슬리퍼를 신고 있다는 점이 서로 배치되고 있다. 이는 스트레스에 어느 정도 잘 대처하는 것 같지만 의외의 상황에서 취약성이 드러나 자신을 보호하는 능력이 개발될 필요가 있음을 시사한다.

집단원 D는 전통적 매체와 디지털 매체 모두에서 사전에 비해 사후에 인물의 크기가 커졌고, 위치가 중앙으로 이동되어 자원과 대처 능력 점수가 모두 높아지는 변화가 있었다.

부록

부록 1. _____

비대면 미술치료 동의서(성인)

_____ 는 미술치료사 _____ (으)로부터 비대면 미술치료에 대한 아래의
설명을 들었고, 이에 동의합니다.

■ 비대면 미술치료는 양질의 치료를 제공하고자 아래의 내용에 동의를 구합니다.
   □ 온라인 영상 녹화와 작품의 사진 촬영
   □ 임상 감독
   □ 사례 회의 및 발표
   □ 학회지 게재나 출판
   □ 교육 자료

■ 내담자의 개인 정보 보호와 비밀 보장을 위하여 모든 자료는 익명으로 처리되며, 영상
   기록은 암호화하여 저장될 것입니다. 단, 내담자의 안전에 심각한 위협이 있거나 법정
   명령이 있는 경우에는 제한적으로 공개될 수 있습니다.

■ 회기 중 내담자의 회기 촬영, 녹음은 허용되지 않으며, 제 3자의 참여 및 관찰은 제한됩
   니다. 비밀 유지를 위하여 이어폰을 사용하기를 권유합니다. 만약 내담자나 내담자가
   속한 기관 측의 사유로 회기 내용이 외부에 알려져 문제가 발생하는 경우, 그에 따른 책
   임을 지게 됩니다.

날짜:　　　　년　　　월　　　일

내담자: _____ (서명)

미술치료사: _____ (서명)

부록 2. _____

비대면 미술치료 동의서(아동 · 청소년)

_____ 는 미술치료사 _____ (으)로부터 비대면 미술치료에 대한 아래의
설명을 들었고, 이에 동의합니다.

■ 비대면 미술치료는 양질의 치료를 제공하고자 아래의 내용에 동의를 구합니다.
　□ 온라인 영상 녹화와 작품의 사진 촬영
　□ 임상 감독
　□ 사례 회의 및 발표
　□ 학회지 게재나 출판
　□ 교육 자료

■ 내담자의 개인 정보 보호와 비밀 보장을 위하여 모든 자료는 익명으로 처리되며, 영상
기록은 암호화하여 저장될 것입니다. 단, 내담자의 안전에 심각한 위협이 있거나 법정
명령이 있는 경우에는 제한적으로 공개될 수 있습니다.

■ 회기 중 내담자의 회기 촬영, 녹음은 허용되지 않으며, 보호자를 포함한 제 3자의 참여
및 관찰은 제한됩니다. 비밀 유지를 위하여 이어폰을 사용하기를 권유합니다. 만약 내
담자나 내담자가 속한 기관 측의 사유로 회기 내용이 외부에 알려져 문제가 발생하는
경우, 그에 따른 책임을 지게 됩니다.

■ 보호자는 내담자의 독립적이고 안정적인 치료 공간 마련과 디지털 기기 준비 및 온라인
플랫폼 설치 등에 협조해 주시기 바랍니다.

날짜:　　　년　　월　　일

내담자: _____ (서명)

보호자/관계: _____ (서명)

미술치료사: _____ (서명)

부록 3. _____

비대면 미술치료를 위한 미술 재료 체크리스트

작성자: ○○○ 님

목록			가지고 있는 재료에 ○ 표시
종이류	A4 용지		
	도화지	8절지	
		4절지	
	기타( )		
드로잉. 페인팅 재료	연필		
	지우개		
	색연필		
	12색 마커(12색 유성매직)		
	오일파스텔/크레파스		
	파스넷		
	파스텔		
	수채화물감		
	아크릴물감		
	붓		
	기타( )		
입체 재료 및 접착 재료	천사점토		
	찰흙		
	양면테이프		
	마스킹테이프		
	글루건		
	풀/가위		
	목공용품		
	기타( )		

부록 4. _____

비대면 미술치료 회기 전 점검 사항

• 이름 :

• 성별 :

• 나이 :

• 준비된 기기에 표해 주세요.

  □ 노트북(웹캠 장착)

  □ 펜 장착 된 노트북(예: 삼성 노트북)

  □ 데스크톱 + 웹캠

  □ iPad

  □ 갤럭시탭

  □ 기타 태블릿 PC _____

  □ 태블릿 PC 펜

  □ 휴대폰

  □ 휴대폰에 펜 장착(예: 갤럭시 노트)

  □ 항공 뷰 휴대폰 거치대

• 비대면 미술치료에서 기대하는 바는 무엇입니까?

1. 공간과 시간에 대해서

1) 비대면 미술치료를 위해서 사용할 공간은 어디인가요?

2) 공간 마련에 어려움은 있나요? 있다면 이유는 무엇인가요?

3) 치료실에 직접 찾아가는 대면 미술치료와, 온라인상으로 이루어지는 비대면 미술치료
   는 공간과 시간 활용에 있어 어떤 차이가 있나요?

   (경험이 있으신 분에 한해서 답변해 주세요.)

2. 온라인 시스템 사용(인터넷, 온라인 화상 플랫폼)에 대해서

1) 인터넷 접속은 원활한가요?

2) 온라인 화상 플랫폼 사용에 익숙한가요?

3. 디지털 기기의 사용(컴퓨터, 태블릿, 휴대폰, 항공 뷰 거치대 등)에 대해서

1) 보유한 디지털 기기는 무엇인가요?

2) 디지털 기기 사용에 어려운 점은 무엇인가요?

4. 전통적 미술 매체와 디지털 매체에 대하여

1) 가지고 있는 전통적 미술 재료에 체크해 주세요.

크레파스(   ), 파스텔(   ), 연필(   ), 지우개(   ), A4 용지(   ), 스케치북(   ),
물감(   ), 사인펜(   ), 가위(   ), 풀(   ), 색종이(   ), 잡지(   )/ 주변에 있는
오브제들(예: 꽃잎, 나뭇가지, 솔방울, 천, 철사 등)

2) 드로잉 앱 설치와 사용에 어려운 점은 무엇인가요?

5. 기타

궁금하신 사항이 있다면 적어 주세요.

부록 5. _____

비대면 미술치료 회기 후 인터뷰

작성자: ○○○ 님

1. 공간과 시간

1) 사용한 공간은 어디였나요?

2) 공간을 마련하는 데에 어려움은 없었나요?

3) 치료 시간 동안 치료 공간과 관련된 어려움은 없었나요?(공간, 테이블, 의자, 물 사용 등)

4) 치료 시간은 적당했나요? 모자라거나 길게 느껴지지는 않았나요?

5) 대면 미술치료와 비대면 미술치료는 공간과 시간 활용에 있어 어떤 차이가 있었나요?

2. 온라인 화상 플랫폼 사용(인터넷, Zoom 등)

1) 온라인을 활용한 비대면 미술치료의 경험은 어떠하였나요?

2) 설치 등 온라인 시스템 사전 준비는 어떠하셨나요?

3) 온라인 시스템은 친숙하셨나요? 치료 시간 동안 온라인 관련 어려움은 없었나요?

3. 미술 매체 사용(전통적 매체와 디지털 매체)

1) 전통적 매체의 사용(종이, 파스텔, 물감, 꾸미기 재료들 등)

(1) 치료가 시작되기 전 전통적 미술 매체를 준비하는 것은 어떠셨나요? 어려움은 없었나요?

(2) 치료 시간 동안 더 사용하고 싶은 전통적 매체가 있었나요?

(3) 치료 시간에 사용했던 전통적 매체를 보관하는 데 어려움은 없으셨나요?

2) 디지털 매체의 사용(컴퓨터, 태블릿, 휴대폰, 항공 뷰 거치대 등)

(1) 디지털 기기를 활용한 비대면 미술치료의 경험은 어떠하였나요?

(2) 디지털 기기의 사전 준비에 어려움은 없으셨나요?

  항공 뷰 설치나 컴퓨터 준비 등 사전 세팅에 시간은 어느 정도 소요되었나요?

(3) 디지털 기기 사용은 친숙하신가요? 치료 시간 동안 기기 조작 등 관련 어려움은 없었
  나요?

3) 전통적 매체와 디지털 매체의 비교

(1) 전통적 매체와 디지털 매체 중 어떤 것이 더 좋으셨나요? 그 이유는 무엇인가요?

(2) 전통적 매체의 장점과 단점은 무엇이라고 생각하시나요?

(3) 디지털 매체의 장점과 단점은 무엇이라고 생각하시나요?

4. 작업물 보관

1) 전통적 매체 작업물의 보관

(1) 그동안 전통적 매체로 작업했던 작업물을 보관하기에 용이한 공간이 있으신가요?

(2) 전통적 매체로 작업했던 작업물을 미술치료실이 아닌 본인의 생활공간에 두는 것이
  불편하거나 신경 쓰이지 않으신가요?

(3) 만약 가능하다면 전통 매체 작업물을 미술치료실로 옮겨 두고 싶으신가요? 혹은 현재
  위치 그대로 두기를 원하시나요? 아니면 상관이 없으신가요? 그 이유는 무엇인가요?

4) 디지털 매체 작업물의 보관

(1) 그동안 디지털 매체로 작업했던 작업물은 보관하기 어떠셨나요? 어려움은 없으셨나
  요?

(2) 디지털 매체 작업물을 치료사와 함께 공유되고 비밀이 보장되는 플랫폼에 저장해 두
  고 싶으신가요? 아니면 본인 개인 서버에 저장해 두기를 원하시나요? 그리고 그 이유
  는 무엇인가요?

권현진(2016). 간호사의 스트레스 반응, 자기효능감에 따른 빗속의 사람 그림 검사(DAPR) 반응 특성. 서울여자대학교 특수치료 전문대학원 석사학위 논문.

김춘경, 이수연, 이윤주, 정종진, 최웅용(2016). 상담학사전. 서울: 학지사.

백경희(2020). 미국의 원격의료에 관한 고찰. 경복대학교 법학연구원 법학논고 제 70집, 363-386.

백승화, 김명석(2001). 시/청각적 촉감 인터페이스 디자인에 관한 연구- 시각과 청각을 이용한 촉감 구현을 중심으로. 디자인학 연구, 14(2), 15-25.

변인정(2013). 시설 미혼모의 스트레스 완화를 위한 촉각 중심 집단미술치료 사례연구. 한국예술치료학회지, 13(1), 89-120.

손창배, 이지현(2020). 코로나 자가격리 대상자의 원격 디지털 미술치료 체험에 대한 현상학적 사례연구. 한국콘텐츠학회논문지, 20(12), 646-658.

안나현(2021). 직무스트레스를 겪는 여성의 온라인 화상(畵像) 미술치료 사례 연구. 차의과학대학교 미술치료대학원 석사학위논문.

안무업(2005). 외국의 원격의료 추진 동향 및 시점. 보건복지포럼, 제 106호 (2005. 8). 한국보건사회연구원.

오강수, 김경인(2017). 시각적 촉감을 활용한 디자인의 특성 연구-헤어 디자인을 중심으로. 패션비즈니스, 21(4), 127-143.

임은미, 김지은(1999). 청소년 사이버 상담의 발전모형. 한국청소년상담원.

정지은, 이혜숙(2021). 촉감각 매체를 활용한 미술치료가 틱 증상 아동의 틱 행동과 자아존중감에 미치는 영향. 미술치료연구, 28(5), 1191-1212.

팽은경(2006). 분노 스트레스 상황에서 자기표현 미술 매체 활동이 분노억제 집단의 분노정서와 생리적 각성에 미치는 효과. 중앙대학교 석사학위논문.

Bloom, J. W., & Walz, G. (2000). *Counseling and cyberconunseling: Strategies and Resources for the Millennium.* Alexandria, VA: American Counseling Assocition.

Brandoff, R., & Lombardi, R. (2012). Miles aparts : Two art therapists' experience of distance supervision. *Art therapy: Journal of the American Art therapy Association, 29*(2), 93-96.

Cognitive Therapy for PTSD(CT-PTSD): Guidance for Conducting Memory Work

Collie, K., Norton, M., Dunlop, C., Mooney, M., & Miller, G. (2017). Online art therapy groups for young adults with cancer. *Arts & Health,* 9(1), 1-13. DOI: 10.1080/17533015.1121882

Collie, K., Bottorff, J. L., Long, B. C., & Conati, C. (2006). Dinstance art groups for women with breast cancer: Guidelines and recommendations. *Supportive Care in Cancer, 14*(8), 849-858.

Collie, K., & Cubranic, D. (1999). An art therapy solution to a telehealth problem. *Art Therapy: Journal of the American Art Therapy Association, 16*(4), 186-193.

Collie, K., & Cubranic, D. (2002). Computer-supported distance art therapy: A focus on traumatic illness. *Journal of Technology in Human Services, 20*(1-2), 155-171.

Isserow, J. (2008). Looking together: Joint attention in Art therapy: *International Journal of Art Therapy, 13*(1), 34-42

Levy, C. E., Spooner, H., Lee, J. B., Sonke, J., Myers, K., & Snow, E. (2018). Telehealth-based creative arts therapy: Transforming mental health and rehabilitation care for rural veterans. *The Arts in Psychotherapy*, 57, 20-26.

Lacan, J. (1977). *Ecrits a selection*. London: Rountledge.

Miller, G., & McDonald, A. (2020). Online art therapy during the COVID-19 pandemic. *International Journal of Art Therapy, 25*(4), 159-160.

O'Brien, F. (2004). The making of mess in art therapy: Attachment, trauma and the brain. *International Journal of Art Therapy, 9*(1), 2-13.

Orr, P. P. (2010). Distance supervision: Research, findings and considerations for art therapy. *The Arts in Psychotherapy, 37*(2), 101-111.

Shaw, L. (2020). "Don't look!" An online art therapy group for adolescents with Anorexia Nervosa. *International Journal of Art Therapy, 25*(4), 211-217.

Tuffery, H. (2011). Are you looking at me?. The reciprocal gaze and art psychotherapy. *Art Therapy Online, 2*(2).

Zubala, A., & Hackett, S. (2020). Online art therapy practice and client safety: A UK-wide survey in time of COVID-19. *International Journal of Art Therapy, 25*(4), 161-171.

찾아
보기

인명

내용

저자 소개

최호정(Choi Hojung)

서울대학교 미술대학 학사
서울여자대학교 특수치료 전문대학원 예술치료학 박사

현 토닥심리상담스튜디오 소장
  숭실대학교 교육대학원 겸임교수
  A.T.R. 미국 공인 미술치료사
  임상미술심리개입 전문가: 한국심리치료학회

주요 저/역서/논문
체험 미술심리치료의 확장(공저, 학지사, 2018)
체험 미술심리치료(공저, 학지사, 2018)
해석적 기술(공역, ㅎ누리, 2012)
미술치료학 연구법(공역, 시그마프레스, 2012)
임상미술치료학(공역, 시그마프레스, 2008)
여성의 용서 집단미술치료 경험(2016)
용서중재미술치료 이론 개발을 위한 여성의 부모용서경험에 관한 질적연
  구(2015)
용서과정의 관점에서 본 루이스 부르주아 작품 분석
  _ 주제와 매체의 변화를 중심으로(2013)

권현진(Kwon Hyunjin)

연세대학교 간호학 학사
서울여자대학교 특수치료 전문대학원 예술치료학 석사

현 세브란스병원 미술치료사, 간호사
   임상미술심리전문가 1급
   발달재활서비스(미술재활) 제공 인력
   정신보건간호사 1급
   중독정신간호사 1급

주요 논문
간호사의 스트레스 반응, 자기효능감에 따른 빗속의 사람 그림(DAPR)검사
   반응 특성(2016, 석사학위논문)
간호사의 스트레스 반응, 자기효능감에 따른 빗속의 사람 그림(DAPR)검사
   반응 특성(공동, 2016)

황현주(Hwang Hyunju)

서울여자대학교 경영학 학사
서울여자대학교 특수치료 전문대학원 예술치료학 석사
서울여자대학교 특수치료 전문대학원 예술치료학 박사

현 마주본마음 소장
　　임상미술심리전문가 1급
　　예술심리전문가
　　발달재활서비스(미술재활) 제공 인력

주요 논문
사이코사이버네틱 미술치료 모델에 근거한 집단미술심리치료가 대학생의
　　자아정체감, 대인 관계 및 자기표현에 미치는 효과(2016, 석사학위논문)
미술을 중심으로 살펴본 미술치료사의 미술치료 수퍼비전 체험연구(2021,
　　박사학위논문)
사이코사이버네틱 미술치료 모델(PMAT)에 근거한 집단미술심리치료
　　가 여대생의 자아정체감, 대인 관계 및 자기표현에 미치는 효과(공동,
　　2016)
심리정서 지원을 위한 집단예술치료가 아동·청소년에게 미치는 영향－심
　　리변화 진단도구, PPAT와 DAPR 그림검사 중심으로(공동, 2021)

비대면 미술치료
Online Art Therapy

2022년 6월 10일 1판 1쇄 인쇄
2022년 6월 15일 1판 1쇄 발행

지은이 • 최호정 · 권현진 · 황현주
펴낸이 • 김진환
펴낸곳 • ㈜ 학지사

　　　　04031 서울특별시 마포구 양화로 15길 20 마인드월드빌딩
대표전화 • 02-330-5114   팩스 • 02-324-2345
등록번호 • 제313-2006-000265호

홈페이지 • http://www.hakjisa.co.kr
페이스북 • https://www.facebook.com/hakjisabook

ISBN 978-89-997-2602-6 93180

정가 17,000원

출판미디어기업 **학지사**

간호보건의학출판 **학지사메디컬** www.hakjisamd.co.kr
심리검사연구소 **인싸이트** www.inpsyt.co.kr
학술논문서비스 **뉴논문** www.newnonmun.com
교육연수원 **카운피아** www.counpia.com